高职高专会计专业精品系列规划教材

Excel 在财会中的应用

- 主　编　凌鉴宇
- 副主编　张茂燕　蒋冰丹　陈莉崟　毛金芬

APPLICATION OF EXCEL IN ACCOUNTING AND FINANCE

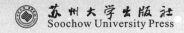

图书在版编目(CIP)数据

Excel 在财会中的应用 / 凌鉴宇主编. -- 苏州：苏州大学出版社, 2024.6. -- (高职高专会计专业精品系列规划教材). -- ISBN 978-7-5672-4840-3

Ⅰ.F275-39

中国国家版本馆 CIP 数据核字第 2024GG6585 号

书　　名：	Excel 在财会中的应用 Excel ZAI CAIKUAI ZHONG DE YINGYONG
主　　编：	凌鉴宇
责任编辑：	曹晓晴
装帧设计：	刘　俊
出版发行：	苏州大学出版社(Soochow University Press)
社　　址：	苏州市十梓街 1 号　邮编:215006
印　　刷：	常州市武进第三印刷有限公司
邮购热线：	0512-67480030
销售热线：	0512-67481020
开　　本：	787 mm×1 092 mm　1/16　印张：14.75　字数：314 千
版　　次：	2024 年 6 月第 1 版
印　　次：	2024 年 6 月第 1 次印刷
书　　号：	ISBN 978-7-5672-4840-3
定　　价：	49.80 元

若有印装错误,本社负责调换
苏州大学出版社营销部　电话:0512-67481020
苏州大学出版社网址　http://www.sudapress.com
苏州大学出版社邮箱　sdcbs@suda.edu.cn

前言

企业财务管理与会计业务是以企业资金运动为对象,利用价值形式对企业的各种资源进行优化配置的管理活动。财务信息化的发展对企业的财务管理与会计业务处理提出了更高的要求。本书充分挖掘 Excel 2016 软件的功能,按照项目任务将经典案例引入教学内容,剖析函数功能,分析工具应用,细化操作步骤,提炼财务数据分析和会计业务处理的要点,系统介绍了 Excel 2016 软件在企业筹资管理、营运资金管理、投资管理、会计凭证、会计账簿、财务分析等财会业务活动中的应用,使学生在掌握财会基本理论和方法的基础上,能快速提升财会业务处理能力、财务数据分析和管理能力,从而提高工作效率,增强个人及企业的社会竞争力。

本书具有以下特点:

1. 课程资源信息化

为了适应移动互联时代需求,本书提供了以二维码为呈现方式的案例操作录屏,并配套了 PPT 电子课件。丰富的资源为教师和学生提供了全面的教学支持。

2. 立体教学,全面指导

本书采用"知识要点分析+实例操作+实战演练"的编写思路,使学生能及时掌握所学的知识点。

3. 图文并茂,步骤详尽

本书充分利用 Excel 2016 软件强大的数据处理和分析功能,通过文字、图片、表格相结合的方式全方位介绍了 Excel 2016 软件在财会业务活动中的具体应用,思路清晰,步骤详尽,每个项目均附有习题,易学易用。

4. 重点明确,内容丰富

本书覆盖内容广泛,并用醒目的标注对重点、要点进行提示,以帮助学生明确学习重点,省时贴心。

本书由凌鉴宇担任主编,张茂燕、蒋冰丹、陈莉鋆、毛金芬担任副主编,具体编写分工如下:项目一由苏州高博软件技术职业学院陈莉鋆编写;项目二、项目三、项目八由无锡科技职业学院凌鉴宇编写;项目四、项目九由广东财贸职业学院张茂燕编写;项目五由江苏信息职业技术学院毛金芬编写;项目六、项目七由无锡南洋职业技术学院蒋冰丹编写。凌鉴宇负责全书修改、整理和定稿。

本书既可作为高校会计学、财务管理、工商管理等专业的教学用书,也可作为财会工作者、企业管理者、创业者及银行、保险等相关领域专业技术人员的参考读物。

本书是全体编写人员倾力合作与集体智慧的结晶,尽管在教材特色建设方面做了很多努力,但由于编者水平有限,对实际工作研究不够全面,书中难免有疏漏之处,期待使用本书的读者提出改进意见,以便今后不断完善。

编 者

2024 年 1 月

目 录

项目一　Excel 2016 概述 ……………………………………………………………… 1

 任务一　Excel 2016 的工作界面和新增功能 …………………………………………… 1
 任务二　Excel 的基础操作 ………………………………………………………………… 7
 任务三　Excel 的公式 ……………………………………………………………………… 29
 任务四　Excel 相关函数 …………………………………………………………………… 36
 思考与练习 …………………………………………………………………………………… 43

项目二　Excel 在货币时间价值中的应用 …………………………………………… 46

 任务一　货币时间价值概述 ……………………………………………………………… 46
 任务二　Excel 在现值和终值中的应用 ………………………………………………… 61
 任务三　Excel 在货币时间价值中的应用案例 ………………………………………… 73
 思考与练习 …………………………………………………………………………………… 76

项目三　Excel 在筹资管理中的应用 ………………………………………………… 78

 任务一　资金需求量预测 ………………………………………………………………… 78
 任务二　筹资成本分析 …………………………………………………………………… 84
 任务三　筹资决策方法应用 ……………………………………………………………… 94
 思考与练习 …………………………………………………………………………………… 102

项目四　Excel 在营运资金管理中的应用 …………………………………………… 104

 任务一　Excel 在现金管理中的应用 …………………………………………………… 104
 任务二　Excel 在存货管理中的应用 …………………………………………………… 108
 任务三　Excel 在应收账款管理中的应用 ……………………………………………… 115
 思考与练习 …………………………………………………………………………………… 121

项目五　Excel 在投资管理中的应用 ……………………………………………………… 123

任务一　Excel 在投资决策指标计算中的应用 ……………………………………… 124
任务二　Excel 在固定资产投资中的应用 …………………………………………… 130
任务三　Excel 在股票投资中的应用 ………………………………………………… 136
任务四　Excel 在债券投资中的应用 ………………………………………………… 140
思考与练习 …………………………………………………………………………… 144

项目六　Excel 在会计凭证中的应用 ……………………………………………………… 146

任务一　Excel 在收款凭证中的应用 ………………………………………………… 148
任务二　Excel 在付款凭证中的应用 ………………………………………………… 151
任务三　Excel 在转账凭证中的应用 ………………………………………………… 153
任务四　Excel 在会计凭证中的综合应用 …………………………………………… 158
任务五　Excel 在会计凭证表中的应用 ……………………………………………… 159
思考与练习 …………………………………………………………………………… 166

项目七　Excel 在会计账簿中的应用 ……………………………………………………… 167

任务一　Excel 在日记账中的应用 …………………………………………………… 169
任务二　Excel 在科目汇总表中的应用 ……………………………………………… 175
任务三　Excel 在科目余额表中的应用 ……………………………………………… 178
任务四　Excel 在总分类账中的应用 ………………………………………………… 185
思考与练习 …………………………………………………………………………… 189

项目八　Excel 在企业财务分析中的应用 ………………………………………………… 191

任务一　财务分析概述 ………………………………………………………………… 191
任务二　Excel 在财务指标分析中的应用 …………………………………………… 198
任务三　Excel 在垂直分析中的应用 ………………………………………………… 202
任务四　Excel 在财务综合分析中的应用 …………………………………………… 204
思考与练习 …………………………………………………………………………… 207

项目九　Excel 在财务管理预测中的应用 ………………………………………………… 210

任务一　方案管理器 …………………………………………………………………… 210
任务二　规划求解 ……………………………………………………………………… 214
任务三　模拟运算表 …………………………………………………………………… 221
思考与练习 …………………………………………………………………………… 228

参考文献 …………………………………………………………………………………… 230

Excel 2016 概述

学习目的

了解 Excel 2016 的工作界面和新增功能，理解 Excel 的基本概念和术语，掌握 Excel 的基础操作和基本设置，能熟练运用函数功能和公式定义来解决工作中的实际问题。

任务一 Excel 2016 的工作界面和新增功能

Excel 表格处理软件是美国微软公司研制的办公自动化软件 Office 中的重要"成员"，经过多次改进和升级，用户可以利用它方便地制作各种电子表格，使用它的公式和函数对数据进行复杂的运算，使用它的各种图表来直观明了地表示数据；可以对工作表中的数据进行检索、分类、排序、筛选等操作，利用它提供的函数完成各种数据分析，如财务、统计、金融、管理等方面的函数应用；可以通过它创建超级链接以获取互联网上的共享数据，也可以将自己的工作簿设置成共享文件保存在互联网的共享网站中，与世界上任何一个子网用户分享。本书基于 Excel 2016 版本，介绍 Excel 在财务管理与会计业务中的应用。

一、Excel 2016 的工作界面

（一）Excel 2016 软件的启动

Excel 2016 软件的启动有以下两种方法：

第一种：单击【开始】菜单→选择【所有程序】分菜单→选择【Microsoft Office】文件夹→选择【Microsoft Office Excel 2016】选项，即可打开 Excel 2016。

第二种：在桌面上双击【Microsoft Office Excel 2016】快捷方式，即可打开 Excel 2016，如图 1-1 所示。

图 1-1　Excel 2016 软件启动的工作界面

Excel 2016 软件启动后，将打开【空白工作簿】窗口，如图 1-2 所示。

图 1-2　Excel 2016 空白工作簿窗口

（二）Excel 2016 窗口组成

1. 标题栏

标题栏位于 Excel 窗口顶部，以最精练的语言说明该窗口的名称及主要功能，显示当前编辑的工作簿名称。选择【空白工作簿】打开 Excel 时，标题栏显示当前工作簿名为【工作簿1】。Excel 2016 软件的标题栏不但有该窗口主要功能的提示，还有方便用户操作的【快速访问工具栏】。

2. 菜单栏

菜单栏是按照程序功能分组排列的按钮集合，位于标题栏下方，由【文件】【开始】【插入】【页面布局】等菜单命令组成。菜单有自动记录功能，为用户选择常用命令提供了很大的方便。

3. 工具栏

每个菜单下有一组相关工具按钮，利用这些工具按钮可以更快速、更方便地工作。

4. 公式栏

公式栏也叫编辑栏，Excel 一般在工作表中显示公式栏，用于输入或修改单元格中的内容。

5. 名称框

名称框在公式栏的左边，可以实现快速选定单元格或单元格区域、快速命名单元格或单元格区域及简化公式写法。

6. 工作簿及工作表

工作簿是包含一张或多张工作表的文件，可以用其中的工作表来组织各种相关信息。工作表总是存储在工作簿中。

工作簿模板是指创建后作为其他相似工作簿基础的工作簿。Excel 工作簿的默认模板名为 Book.xlt，Excel 工作表的默认模板名为 Sheet.xlt。

工作表是 Excel 中用于存储和处理数据的主要文档，也称电子表格。工作表由排列成行或列的单元格组成。

工作表区域是 Excel 的主要工作区，它是占据屏幕最大面积且用于记录数据的区域，所有信息都在此编辑。

7. 工作表标签

工作表标签位于工作表区域的左下方，用于显示工作表的名称，可以通过单击这些标签来切换工作表。当前正在使用的工作表称为活动工作表。

8. 状态栏

状态栏在工作区的底部，用于显示当前工作区单元格的输入或就绪状态及页面的显示状态。

9. 水平、垂直滚动条

水平、垂直滚动条分别位于工作表区域的右下方和右边，用于水平、垂直方向改变工作表的可见区域。

二、Excel 2016 的新增功能

Excel 2016 较以往版本主要新增了以下功能。

（一）增强 Ribbon 功能

Ribbon 图形用户界面的主题颜色和风格有所改变。在 Excel 2016 中，Ribbon 的功能更加强大，用户可以设置更多东西，使用更加方便。

（二）会计专用

Excel 2016 强大的计算功能可以应用在众多财务会计报表（如现金流量表、利润表等）的编制中。

（三）创建预算

Excel 2016 中可以创建任何类型的预算，如市场预算、活动预算或退休预算等。

（四）管理账单和销售数据

Excel 2016 可以用于管理账单和销售数据。用户可以轻松创建所需表单，如销售发

票、装箱单或采购订单等。

三、自定义工作环境

用户进行数据处理时，如果要对工作环境中的某些参数进行设置，可以通过单击【文件】→【选项】，打开【Excel 选项】对话框来实现。【Excel 选项】对话框中有【常规】【公式】【校对】等标签，如图 1-3 所示。

图 1-3 【Excel 选项】对话框

（一）【常规】标签

◆ 用户界面选项

可以设置选择时显示浮动工具栏、选择时显示快速分析选项、启用实时预览、屏幕提示样式等。

◆ 新建工作簿时

可以设置新建工作簿的默认字体、字号等。

◆ 对 Microsoft Office 进行个性化设置

可以设置用户名、Office 主题等。

◆ 启动选项

可以设置系统的启动选项，如将 Excel 设置为查看和编辑电子表格的默认程序等。

(二)【公式】标签

◆ 计算选项

可以设置工作簿自动重算、除模拟运算表外自动重算、手动重算等。

◆ 使用公式

可以设置 R1C1 引用样式、公式记忆式键入等。

◆ 错误检查

可以设置允许后台错误检查等。

◆ 错误检查规则

可以设置所含公式导致错误的单元格、表中不一致的计算列公式等。

(三)【校对】标签

◆ 自动更正选项

可以设置更改键入时 Excel 更正文本和设置其格式的方式等。

◆ 在 Microsoft Office 程序中更正拼写时

可以设置忽略全部大写的单词、忽略包含数字的单词等。

(四)【保存】标签

◆ 保存工作簿

可以设置保存文件格式、保存自动恢复信息时间间隔等。

◆ 自动恢复例外情况

◆ 文档管理服务器文件的脱机编辑选项

◆ 保留工作簿的外观

(五)【语言】标签

◆ 选择编辑语言

◆ 选择用户界面和帮助语言

(六)【高级】标签

◆ 编辑选项

可以设置按【Enter】键后移动所选内容、自动插入小数点等。

◆ 剪切、复制和粘贴

◆ 图像大小和质量

◆ 打印

◆ 图表

◆ 显示

◆ 此工作簿的显示选项

◆ 此工作表的显示选项

◆ 公式

◆ 计算此工作簿时

◆ 常规

◆ 数据

◆ Lotus 兼容性

◆ Lotus 兼容性设置

（七）【自定义功能区】标签

【自定义功能区】标签下的内容比较多，用户可以根据需要对自定义功能区进行个性化设计，选中或取消选中这些命令或选项卡。如主选项卡中【开发工具】不是默认打开状态，如果需要，可以进行设置，如图1-4所示。

图1-4 自定义功能区个性化设计

（八）【快速访问工具栏】标签

快速访问工具栏是一个可自定义的工具栏，包含一组独立于当前显示的功能区上的选项卡的命令。用户可以从两个可能的位置之一移动快速访问工具栏，并且可以将表示命令的按钮添加到快速访问工具栏中。

任务二　Excel 的基础操作

一、Excel 的操作对象

（一）工作簿

工作簿是 Excel 中用来存储和处理工作数据的文件。它是 Excel 工作区中一张或多张工作表的集合，其扩展名为 .xlsx。Excel 2016 默认由 1 张工作表组成一个工作簿，一个工作簿中最多可建立 255 张工作表。

（二）工作表

工作表是显示在工作簿窗口中的表格。一张工作表可以由 1 048 576 行和 16 384 列构成。行的编号从 1 到 1 048 576，列的编号依次用字母 A、B……XFD 表示。行号显示在工作簿窗口的左边，列号显示在工作簿窗口的上边。

（三）单元格

单元格是工作表中行与列的交叉部分，它是组成工作表的最小单位，可拆分或合并。单个数据的输入和修改都是在单元格中进行的。

单元格按所在的行、列位置来命名，它有三种引用样式：A1 引用样式、R1C1 引用样式和三维引用样式。

1. A1 引用样式

Excel 默认使用 A1 引用样式，该引用样式引用字母标识列（从 A 到 XFD），引用数字标识行（从 1 到 1 048 576）。若要引用某个单元格，输入列标和行号即可，如输入 B2 即可引用列 B 和行 2 交叉处的单元格。

2. R1C1 引用样式

R1C1 引用样式是同时统计工作表上行和列的引用样式，该引用样式对于计算位于宏内的行和列很有用。在 R1C1 引用样式中，Excel 指出了行号在 R 后而列号在 C 后的单元格的位置。例如，R2C3 相当于 A1 引用样式的 C2，即引用行 2 和列 3（列 C）交叉处的单元格。

3. 三维引用样式

如果要分析同一工作簿中多张工作表上的相同单元格或单元格区域中的数据，就要用到三维引用。三维引用包括单元格引用和区域引用，前面加上工作表名称的范围，Excel 就可以引用在开始名与结束名之间的任何工作表。例如，=SUM（Sheet2：Sheet13！B5）将计算包含在 B5 单元格内所有值的和，单元格取值范围是工作表 2 到工作表 13。

（四）工作范围

在 Excel 工作表中，工作范围是指一组选定的单元格，它们可以是连续的，也可以是分散的。如果选定一个工作范围后再进行操作，则这些操作作用于该工作范围内的所有单元格。

1. 选择单个单元格

单击单元格，或者按箭头键移动到该单元格。

2. 选择单元格区域

单击区域中的第一个单元格，然后拖动到区域中的最后一个单元格，或者在按住【Shift】键的同时按箭头键以扩展选定区域。也可以单击区域中的第一个单元格，然后按【F8】键以便通过使用箭头键来扩展选定区域。若要停止扩展选定区域，可再次按【F8】键。

3. 选择较大的单元格区域

单击区域中的第一个单元格，然后在按住【Shift】键的同时单击区域中的最后一个单元格。可以先拖动滚动条到最后一个单元格所在的位置。

4. 利用名称框定义单元格区域名称

对于较大的单元格区域，可以定义名称。先选择要定义名称的单元格或单元格区域，然后单击编辑栏左边的名称框，输入名称（名称长度最多为 255 个字符），按回车键即完成名称的定义。

5. 选择工作表上的所有单元格

【全选】按钮在行、列交叉的左上角，单击该按钮可以选择所有单元格。若要选择整张工作表，也可以按【Ctrl】+【A】组合键。

> 提示：工作表中包含数据时，如果光标放在数据区域内，按【Ctrl】+【A】组合键选择当前数据区域，按两次【Ctrl】+【A】组合键选择整张工作表；如果光标放在空白单元格，按【Ctrl】+【A】组合键选择整张工作表。

6. 选择不相邻的单元格或单元格区域

先选中第一个单元格或单元格区域，然后在按住【Ctrl】键的同时选中其他的单元格或单元格区域。也可以先选中第一个单元格或单元格区域，然后按【Shift】+【F8】组合键将其他不相邻的单元格或单元格区域添加到选定区域中。若要停止将单元格或单元格区域添加到选定区域中，再次按【Shift】+【F8】组合键即可。

7. 选择整行或整列

单击行标题或列标题，即可选择整行或整列。也可以先选中第一个单元格，然后按【Ctrl】+【Shift】+箭头组合键（对于行，为向右键；对于列，为向下键）来选择整行或整列。

提示：如果行或列中包含多个不连续的数据，可以多次按【Ctrl】+【Shift】+箭头组合键以选择行或列中的数据，直到最后一个有数据的单元格被选中，再次按【Ctrl】+【Shift】+箭头组合键就可以选择整行或整列。

8. 选择相邻的行或列

在行标题或列标题中拖动鼠标。也可以先选中第一行或第一列，然后在按住【Shift】键的同时选中最后一行或最后一列。

9. 选择不相邻的行或列

单击区域中第一行或第一列的行标题或列标题，然后在按住【Ctrl】键的同时单击要添加到选定区域中的其他行或列的行标题或列标题。

二、创建工作表

（一）工作表的命名和保存

启动 Excel 2016 软件后，如果是首次保存，必须输入文件的名称。如将文件命名为"人事档案表"，操作步骤如下：

第一步：双击【Microsoft Office Excel 2016】快捷方式，进入【空白工作簿】窗口后，单击窗口左上角的【保存】按钮，打开【另存为】对话框，如图1-5所示。

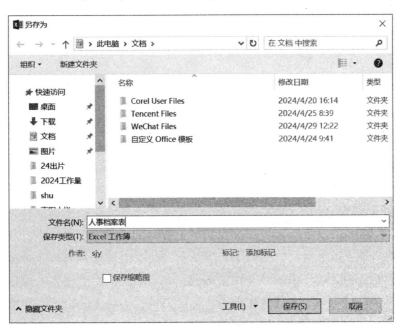

图1-5 【另存为】对话框

第二步：Microsoft Office 程序会在默认工作文件夹中保存文件，若要将文件保存到其他位置，须单击其他文件夹选择文件存放位置。

第三步：大多数时候，用户可能希望将工作簿保存为当前文件格式（.xlsx）。然而有时候，用户也可能需要将工作簿保存为其他文件格式，如 Excel 较早版本的文件格式、文本文件格式、PDF 文件格式等。Excel 工作簿保存文件格式类型如图 1-6 所示。

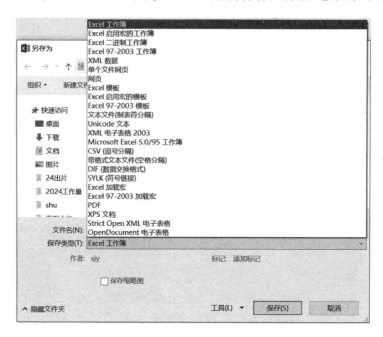

图 1-6　Excel 工作簿保存文件格式类型

> **注意**：将工作簿另存为其他文件格式时，可能无法保存它的某些格式、数据和功能。

第四步：在编辑文件的过程中，单击【保存】按钮，或者按【Ctrl】+【S】组合键可进行文件的实时保存。

（二）数据的输入

在 Excel 中输入数据有多种选择，可以在一个单元格中、同时在多个单元格中或同时在多张工作表中输入数据；输入的数据可以是文本、数字、日期或时间；可以采用多种方式设置数据的格式；可以调整多项设置，使数据输入变得更容易。

在单元格中输入数据有三种基本输入方法：一是单击目标单元格，直接输入；二是双击目标单元格，主要用于修改单元格中的数据，当单元格中出现插入光标时，把光标移动至修改位置后即可输入；三是先单击目标单元格，再单击编辑栏，在编辑栏中输入或修改数据。

1. 输入文本

文本一般包括汉字、拉丁字母、数字、符号等。在单元格中输入文本时，如果相邻单元格中没有数据，Excel 允许长文本覆盖右边的单元格；如果相邻单元格中有数据，则只显示长文本开头部分。

输入过程中可以用【Backspace】键进行修改，按编辑栏的【取消】按钮或按【Esc】键取消输入，按编辑栏的【输入】按钮或按【Enter】键确认输入。

2. 输入数字

在单元格中输入数字，其方法与输入文本一样，不同的是 Excel 默认文本输入后是左对齐，数字输入后是右对齐。

（1）输入分数。

在 Excel 工作表中，通常用斜杠"/"来分隔分数的分子和分母，但若直接按照"分子/分母"的格式输入分数，显示的则是日期。可以先输入"0"，然后空一格，再按照"分子/分母"的格式输入分数，这样就不会被 Excel 处理为日期了。

（2）输入负数。

输入负数时，可以在数字前加减号"-"作为标识，也可以将数字置于括号"（）"内，按【Enter】键即显示负数。

3. 输入日期和时间

日期和时间也是一种数字，只不过有其特定的格式。Excel 能识别大多数用普通方法输入的日期和时间。

（1）输入日期。

用户可以使用多种格式来输入一个日期，可以用斜杠"/"或横杠"-"来分隔日期的年、月和日，如输入"2023-5-1"或"2023/5/1"均为日期格式。日期的格式比较多，可以利用格式对话框进行修改。

如果要输入当前日期，可以在 Excel 单元格中插入静态日期，当按下【Ctrl】+【;】组合键时，单元格中将插入当前日期，由于该单元格的值不会更新，因此被视为静态值。

如果要插入会更新的日期（也称动态日期），也就是在重新计算工作表或打开工作簿时发生更新的日期，可以利用 TODAY 函数来实现。

（2）输入时间。

在单元格中输入时间的方法有两种，即 12 小时制的输入和 24 小时制的输入，二者的输入方法不同。以 12 小时制输入时间时，要在时间数字后加一个空格，然后输入字母"a"表示上午，输入字母"p"表示下午。以 24 小时制输入时间时，直接输入"时：分：秒"即可。

若要输入静态的当前时间，应按【Ctrl】+【Shift】+【;】组合键；若要输入可以更新的当前时间，可以利用 NOW 函数来实现。

4. 输入符号和特殊字符

（1）输入符号。

如果要输入键盘上没有的符号，则需要按以下操作步骤进行：

◆ 单击要插入符号的位置。

◆ 在【插入】选项卡下的【符号】组中单击【符号】按钮。

◆ 在列表框中选择所需的符号。如果要插入的符号不在列表框当前的显示中，按住右侧滚动条中的方块上下拖动，选择要插入的符号，然后单击【插入】按钮。

◆ 单击【关闭】按钮。

> **提示**：如果使用扩展的字体，如 Arial 或 Times New Roman，将出现子集列表。使用此列表可供选择的语言字符，包括希腊语和俄语（西里尔文）。

（2）输入特殊字符。

◆ 单击要插入特殊字符的位置。

◆ 在【插入】选项卡下的【符号】组中单击【符号】按钮。

◆ 单击【特殊字符】选项卡。

◆ 选择要插入的特殊字符，然后单击【插入】按钮。

◆ 单击【关闭】按钮。

5. 输入多行数据

如果希望在一个单元格中输入两行及以上的数据，可以采用手动的方法来实现，按【Alt】+【Enter】组合键即可分行输入。

如果有大量的单元格需要多行输入，可以对单元格进行格式化处理。选择【自动换行】也可以实现多行显示，如图1-7所示。

图1-7 单元格自动换行设置

（三）数据的快速填充

用户经常要在工作表中输入一些有规律的数据，如果按常规方法逐个输入数据，既浪费时间，又容易出错。下面介绍几种快速输入数据的方法。

1. 在多个单元格中输入相同的数据

用户在 Excel 中输入数据时，经常会遇到要在许多单元格中输入相同内容的情况，这些单元格有时是连续的，有时是不连续的，可以通过以下操作来实现：

（1）选中所有要输入相同内容的单元格，如果是不连续的单元格，可以结合【Ctrl】键和鼠标左键来完成。

（2）输入内容，完成后按【Ctrl】+【Enter】组合键，被选中的单元格就填充了相同内容。

2. 自动完成输入

如果在单元格中输入的起始字符与该列单元格中已有的内容相符，那么 Excel 可以自动填写其余的字符，按【Enter】键可以自动接受所提供的字符。如果不想采用，继续输入就可以忽略它。

3. 自动填充

如果要输入的数字或文字并不完全一样，但有一定的规律，那么可以根据某种模式或基于其他单元格中的数据，使用以下方法在单元格中填充数据，以提高输入效率。

（1）使用填充柄将数据填充到相邻的单元格中。

要快速填充多种类型的数据序列，可以选择要用作其他单元格填充基础的单元格，然后将填充柄横向或纵向拖过要填充的单元格。

要更改选定区域的填充方式，可以单击【自动填充选项】，然后在提示菜单中选择所需的选项。例如，可以选择【仅填充格式】选项以只填充单元格的格式，也可以选择【不带格式填充】选项以只填充单元格的内容，等等。图 1-8、图 1-9 分别是以数字为填充方式时和以日期为填充方式时的提示菜单。

图 1-8　以数字为填充方式时的提示菜单

图 1-9　以日期为填充方式时的提示菜单

> **提示**：如果向所选单元格区域的上方或左边拖动填充柄，并停止在所选单元格区域中而不超过所选单元格区域的第一列或第一行，Excel 将删除填充柄经过单元格中的数据。

（2）填充一系列数字、日期或其他内置序列。

可以使用填充柄或【填充】命令快速在区域中的单元格中填充一组数字、日期，或者一组内置工作日、月份或年份。

例如，如果要使用序列 1，2，3，4，5，…，须在前两个单元格中输入"1"和"2"，然后选择前两个单元格，拖动填充柄使其经过要填充的区域。

若要按升序填充，须从上到下或从左到右拖动；若要按降序填充，须从下到上或从右到左拖动。

（3）使用【填充】命令用序列填充单元格。

选择要填充的区域中的第一个单元格，输入这一组数字的起始值，在【开始】选项卡下的【编辑】组中单击【填充】按钮，然后在提示菜单中单击【序列】选项，弹出对话框，如图 1-10 所示。

在【类型】单选按钮中，单击以下选项之一：

◆ 等差序列：创建一个序列，其数值通过对每个单元格数值依次加上【步长值】框中的数值计算得到。

◆ 等比序列：创建一个序列，其数值通过对每个单元格数值依次乘以【步长值】框中的数值计算得到。

◆ 日期：创建一个序列，其填充日期递增值在【步长值】框中设置，并在【日期单位】单选按钮中选择所需要的日期单位。

◆ 自动填充：创建一个与拖动填充柄产生相同结果的序列。

例如，分别在 A 列、B 列、C 列用序列填充等差数列、等比数列和 2023 年 11 月 1 日到 11 月 15 日的所有工作日，结果如图 1-11 所示。

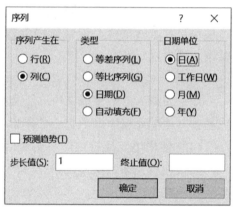

图 1-10 【序列】对话框

	A	B	C
1	等差数列	等比数列	所有工作日
2	1	1	2023/11/1
3	4	2	2023/11/2
4	7	4	2023/11/3
5	10	8	2023/11/6
6	13	16	2023/11/7
7	16	32	2023/11/8
8	19	64	2023/11/9
9	22	128	2023/11/10
10	25	256	2023/11/13
11	28	512	2023/11/14
12	31	1024	2023/11/15

图 1-11 用序列填充单元格演示

(4) 使用自定义填充序列填充数据。

要简化特定数据序列（如姓名或销售区域的列表）的输入操作，可以创建自定义填充序列。可以基于工作表上的现有项目列表来创建自定义填充序列，也可以从头开始输入列表。虽然不能编辑或删除内置的填充序列（如用于填充月份和日期的填充序列），但可以编辑或删除自定义填充序列。

注意：自定义填充序列只能包含文本或与数字混合的文本。

例如，要按"北京，上海，广州，深圳，天津，南京"这个顺序来自定义序列，操作步骤如下：

◆ 单击【文件】选项卡，然后单击【选项】按钮。
◆ 单击【高级】选项卡，然后在【常规】下，单击【编辑自定义列表】按钮。
◆ 确保所选项目列表的单元格引用显示在【从单元格中导入序列】框中，然后单击【导入】按钮，或者直接在【输入序列】框中输入"北京，上海，广州，深圳，天津，南京"，然后单击【添加】按钮，所选列表中的项目或输入的项目将添加到【自定义序列】框中，如图 1-12 所示。
◆ 单击【确定】按钮，即可完成自定义序列。

使用时，在单元格中输入"北京"后，拖动填充柄，即可实现"北京，上海，广州，深圳，天津，南京"这一序列的填充。

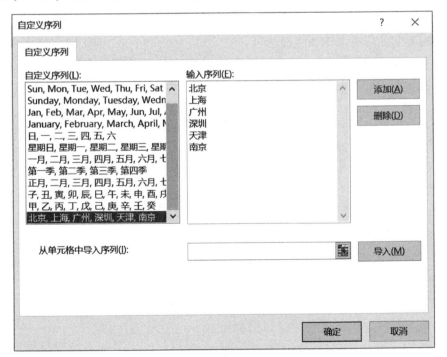

图 1-12 【自定义序列】对话框

三、编辑工作表

建立工作表之后,用户可以根据实际需要,利用 Excel 提供的编辑功能,对工作表进行修改和调整,以使其达到预期效果。

(一)工作表的基本操作

1. 选择工作表

对 Excel 工作表进行操作,首先要选择 Excel 工作表。

(1) 选择单张工作表。

单击 Excel 工作簿窗口下方的工作表标签,即可选择所需的工作表。当工作表比较多时,可以右击工作表标签左侧导航栏上的按钮,打开【激活】对话框,在对话框的【活动文档】列表中选择所需的工作表,单击【确定】按钮,也可以实现对工作表的选择。

> 提示:如果在 Excel 工作簿窗口下方看不到所有的工作表标签,可以单击工作表标签左侧导航栏上的箭头按钮,让工作表标签滚动显示。

另外,按【Ctrl】+【Page Up】组合键和【Ctrl】+【Page Down】组合键也可以实现对工作表的切换,它们的作用分别是切换到上一张工作表和切换到下一张工作表。

(2) 选择连续的多张工作表。

单击某个工作表标签,然后按住【Shift】键,同时单击另一个工作表标签,则这两个工作表标签间的所有工作表将被选择。

(3) 选择不连续的多张工作表。

按住【Ctrl】键,依次单击所要选择的工作表标签,则这些工作表将被同时选择。

> 提示:在同时选择了多张工作表后,要取消对这些工作表的选择,只需要单击任意一个未被选择的工作表标签即可。

2. 插入和删除工作表

新建一个 Excel 工作簿时,系统会自动生成一张工作表,用户可以根据需要插入或删除工作表。

第一步:单击 Excel 工作簿窗口下方的【新工作表】按钮,可以快速新建一张工作表,如图 1-13 所示。

第二步:右击工作表标签,在弹出的快捷菜单中选择【插入】选项,可以插入一张工作表。

图 1-13 新建工作表演示

第三步：按【Shift】+【F11】组合键，也可以新建一张工作表。

第四步：右击工作表标签，在弹出的快捷菜单中选择【删除】选项，即可删除所选中的工作表。

3. 移动和复制工作表

在 Excel 2016 中，可以将工作表移动或复制到同一工作簿的其他位置或其他工作簿中。需要注意的是，在 Excel 2016 中移动或复制工作表时要十分谨慎，若移动了工作表，则基于工作表数据的计算可能出错。

第一步：在同一工作簿中移动或复制工作表。

在同一工作簿中，直接拖动工作表标签至所需位置，即可实现工作表的移动；若在拖动工作表标签的同时按住【Ctrl】键，则可实现工作表的复制。

第二步：在不同工作簿间移动或复制工作表。

要在不同工作簿间移动或复制工作表，可执行以下操作：

◆ 打开要进行移动或复制工作表操作的源工作簿和目标工作簿，在源工作簿中选中要进行移动或复制操作的单个或多个工作表标签。

◆ 右击选中的工作表标签，在弹出的提示菜单中选择【移动或复制】选项（图1-14），打开【移动或复制工作表】对话框。

◆ 在【将选定工作表移至工作簿】下拉列表中选择目标工作簿，在【下列选定工作表之前】列表中选择要将工作表复制或移动到目标工作簿的位置。若要复制工作表，须选中【建立副本】复选框，如图1-15所示。

◆ 单击【确定】按钮，即可实现不同工作簿间工作表的移动或复制。

图1-14 移动或复制工作表的提示菜单

图1-15 【移动或复制工作表】对话框

4. 重命名工作表

第一步：在 Excel 工作簿中，右击需要重命名的工作表标签，在弹出的快捷菜单中选择【重命名】选项，输入新的工作表名称，如"人事档案表"，按【Enter】键即可完成改名。

第二步：在【开始】选项卡下的【单元格】组中单击【格式】按钮，然后在弹出的提示菜单中选择【重命名工作表】选项，修改标签名称，按【Enter】键即可完成改名。

第三步：双击工作表标签，直接进入编辑状态，对工作表进行重命名。

5. 隐藏工作表

在工作表较多的情况下，选择工作表很不方便，这时候就可以对暂不需要操作的工作表进行隐藏。工作表隐藏和取消隐藏的操作如下：

第一步：在 Excel 工作簿中，右击选中的工作表标签，在弹出的提示菜单中选择【隐藏】选项，刚才选中的工作表就被隐藏了。

第二步：如果需要取消隐藏，则右击工作表标签，然后在弹出的提示菜单中选择【取消隐藏】选项，这时会弹出一个对话框，选择需要取消隐藏的工作表，然后单击【确定】按钮即可。

（二）工作表的拆分和冻结

如果 Excel 工作表中数据比较多，间距比较大，为了更方便地看到更多的数据，可以对 Excel 工作表的窗口进行拆分与冻结。

1. 冻结首行

选择【视图】选项卡，然后单击【窗口】组中的【冻结窗格】按钮，在弹出的提示菜单中选择【冻结首行】选项，如图1-16所示。

2. 冻结首列

冻结工作表首列的操作步骤与冻结工作表首行基本相同，只是在最后选择【冻结首列】选项。

3. 冻结拆分窗格

当工作表比较长时，既需要看上面的内容，又需要看下面的内容，或者当

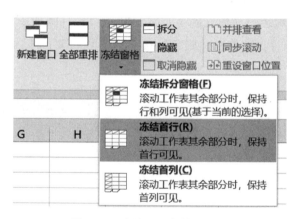

图1-16 冻结工作表首行演示

工作表比较宽时，既需要看前面的内容，又需要看后面的内容，这时就可以选择【冻结拆分窗格】选项，冻结工作表多行或多列。具体操作如下：

第一步：确定拆分窗口的行数或列数，如果要冻结前3行，那么就要选择第4行整行。

第二步：选择【视图】选项卡，然后选择【窗口】组中的【冻结窗格】下的【冻结拆分窗格】选项。

冻结工作表多列的操作步骤与冻结工作表多行一样，如果要冻结前 6 列，那么就要选择第 7 列整列。

> 提示：在 Excel 工作表中不管是冻结窗口某一行还是某一列，都需要注意每一个操作步骤，窗口拆分与冻结一般应用在大工作表、长工作表和数据多的工作表中。

（三）保护工作表和工作簿

1. 保护工作表

在工作中，为了防止制作的一些重要表格数据被他人随意改动，给 Excel 工作表设置密码保护是十分必要的。具体操作如下：

第一步：打开 Excel 工作表，在功能区中选择【审阅】选项卡，然后单击【更改】组中的【保护工作表】按钮。

第二步：在弹出的【保护工作表】对话框中进行取消工作表保护时使用的密码的设置，如图 1-17 所示。

第三步：输入密码后，单击【确定】按钮，Excel 会弹出【确认密码】对话框，在【重新输入密码】框中输入刚才设置的密码后，单击【确定】按钮即可，如图 1-18 所示。

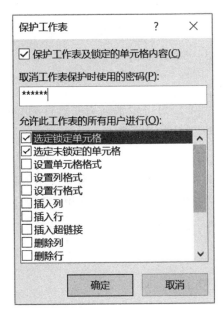

图 1-17 【保护工作表】对话框

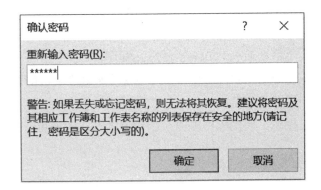

图 1-18 【确认密码】对话框

这样,更改数据时就需要密码许可,没有密码则无法对数据进行修改。

2. 保护工作簿

在工作中,为了防止制作的一些重要表格数据被他人随意改动,给 Excel 工作簿设置密码保护是十分必要的。具体操作如下:

第一步:打开 Excel 工作簿,在功能区中选择【审阅】选项卡,然后单击【更改】组中的【保护工作簿】按钮,此时将弹出【保护结构和窗口】对话框,勾选【结构】复选框。

第二步:在【密码】框中输入保护工作簿的密码,完成密码设置后单击【确定】按钮关闭对话框,如图 1-19 所示。

第三步:此时,Excel 会弹出【确认密码】对话框,在【重新输入密码】框中输入刚才设置的密码后,单击【确定】按钮关闭对话框,如图 1-20 所示。此时,工作簿处于保护状态,工作表无法实现移动、复制、隐藏等操作。

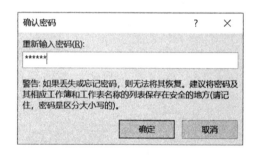

图 1-19 【保护结构和窗口】对话框   图 1-20 【确认密码】对话框

(四) 应用模板

启动 Excel 2016 软件后,用户既可以创建空白工作簿,也可以根据需要选择 Office 的设计模板来创建工作簿。下面介绍 Excel 2016 工作簿模板的使用方法。

1. 新建工作簿模板

启动 Excel 2016 软件后,程序窗口中列出了常用的工作簿模板,单击需要使用的模板,如图 1-21 所示。此时,Excel 弹出该模板的提示对话框,在对话框中列出模板的使用说明及缩览图等信息,单击【创建】按钮,Excel 将下载该模板并创建基于该模板的工作簿。用户根据需要对工作表进行修改即可。

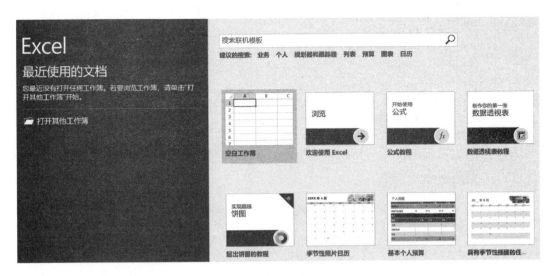

图 1-21　新建工作簿模板窗口

2. 搜索联机模板

在进行文档编辑时，打开【文件】选项卡，选择左侧的【新建】选项，在页面中的【建议的搜索】栏中单击相应的选项。例如，选择【日历】选项后，Excel 将搜索联机模板，在页面右侧的【分类】栏中显示模板的分类列表；选择某个类别后，页面的中间将列出该类的所有模板；单击需要使用的模板后，Excel 将弹出该模板的提示对话框，单击对话框中的【创建】按钮，即可创建基于该模板的工作簿。

3. 创建自定义工作簿模板

在工作中，用户经常要使用一些格式固定的 Excel 工作簿，如果每次都重新创建工作簿，必然会影响工作效率。实际上，用户可以通过自定义工作簿模板来解决这个问题。将某种常用结构的工作簿定义为模板后，用户就能够在需要使用时直接打开并使用它。具体操作方法如下：

第一步：启动 Excel 2016 软件后，打开需要保存为模板的工作簿文件。在【文件】选项卡下选择【另存为】选项，单击【另存为】栏中的【浏览】按钮。

第二步：此时，Excel 将打开【另存为】对话框，在【保存类型】下拉列表中选择【Excel 模板】选项，【另存为】对话框会自动将保存路径定位。在对话框的【文件名】框中输入模板的名称，完成设置后单击【保存】按钮保存文档，如图 1-22 所示。

第三步：当需要创建基于该模板的 Excel 工作簿时，可以在【文件】选项卡下选择【新建】选项，在页面中的【建议的搜索】栏中单击【个人】选项获得用户的自定义工作簿模板列表，单击需要使用的模板即可打开该模板。

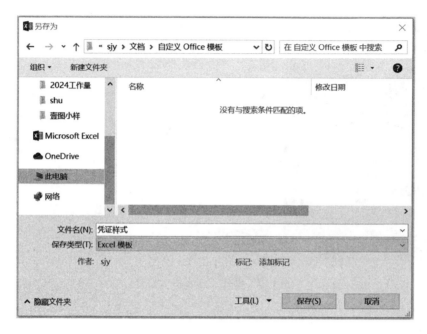

图 1-22　创建自定义工作簿模板演示

四、修饰工作表

Excel 默认新建工作表不包含任何特定的格式和内容，如果用户希望建立的新工作表具有某些特定的格式和内容，则可以通过简单的设置达到目的。

（一）设置列宽和行高

用户如果觉得新建工作表默认的列宽和行高显得不美观，可以通过设置列宽和行高来满足自身需求。

1. 设置列宽

用户可以把光标放在列标题的交界线处，当光标呈现左右箭头形状时，进行拖曳，即可设置单列的宽度。

用户也可以在【开始】选项卡下的【单元格】组中单击【格式】按钮设置列宽，如图 1-23 所示。

2. 设置行高

设置工作表行高的操作步骤与设置工作表列宽类似，也可以通过拖曳行标题的交界线和在【开始】选项卡下的【单元格】组中单击【格式】按钮设置。

（二）设置单元格格式

创建 Excel 工作表以后，如果要对工作表进行简单的美化，一般使用 Excel 的【设置单元格格式】对话框。【设置单

图 1-23　设置工作表列宽和行高的提示菜单

元格格式】对话框中包含【数字】【对齐】【字体】【边框】【填充】【保护】6个标签，通过这些标签可以进行单元格的格式设置，如图1-24所示。

图1-24 【设置单元格格式】对话框

1.【数字】标签

在【数字】标签下，可以设置数据的格式。因为电子表格应用程序是用来处理数值数据的，所以数值格式是工作表中最关键的部分。格式化数值数据的方法由用户决定，但同一个工作簿的各张工作表应使用一致的处理数字的方法。

处理数值数据的方法包括使所有负数具有与正数不同的颜色（如红色或蓝色），用逗号作为千位分隔符，等等。

Excel提供许多内在的数值格式，也允许用户自定义，生成自己的数值格式。

2.【对齐】标签

在【对齐】标签下，有文本对齐方式、文本控制、文字方向等选项区域。在文本对齐方式区域，可以设置水平对齐、垂直对齐等；在文本控制区域，可以设置自动换行、缩小字体填充、合并单元格等；在文字方向区域，可以设置文字的方向与角度，如图1-25所示。

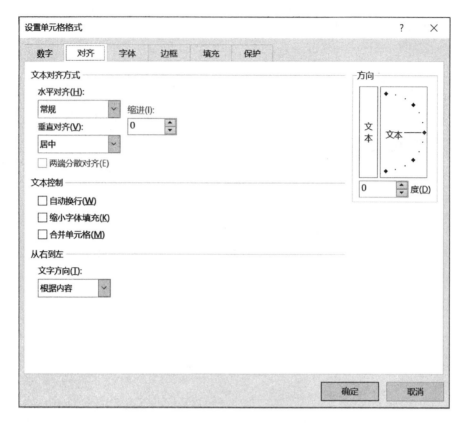

图 1-25　设置单元格格式下的对齐标签

3.【字体】标签

在【字体】标签下，可以设置字体的样式，包括字体、字形、字号、特殊效果、颜色等。

4.【边框】标签

【边框】标签在 Excel 中是比较重要的。Excel 文档打印时默认是不带表格边框的，如果需要显示边框，则可以通过给 Excel 工作表设置边框来实现，还可以给边框设置颜色。斜线表头也可以通过斜线边框来制作，如图 1-26 所示。

另外，利用边框还可以产生三维效果，方法是将浅色作为背景色，白色作为边框顶部和左部的颜色，黑色作为边框底部的颜色，这样就会产生凸的效果；反之，则产生凹的效果。

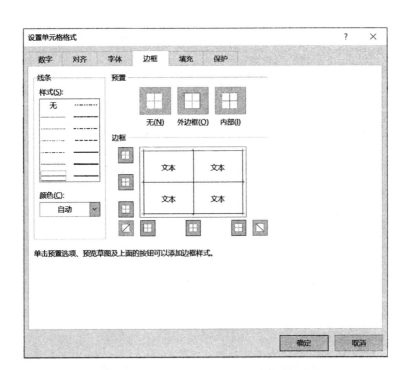

图 1-26 设置单元格格式下的边框标签

5.【填充】标签

【填充】标签主要用于给单元格填充背景色或背景图案。对于一些需要标记的重要数据，用户可以设置填充背景。

6.【保护】标签

【保护】标签需要结合【审阅】选项卡下【更改】组中的【保护工作表】选项使用，可以通过该设置让 Excel 工作表中部分单元格的数据无法进行修改。

当设置完一个单元格的格式后，又要把这个单元格的格式用于其他的单元格时，使用【格式刷】能够快速地实现此功能。

（三）自动套用格式

在 Excel 中设计好表格以后，如果想快速美化单元格，可以通过自动套用表格格式功能来实现。具体操作如下：

第一步：打开一张设计好的 Excel 表格，然后选中需要设置表格格式的单元格区域。

第二步：选择【开始】选项卡下【样式】组中的【套用表格格式】选项，就会弹出图 1-27 所示的各类表格格式的提示菜单。

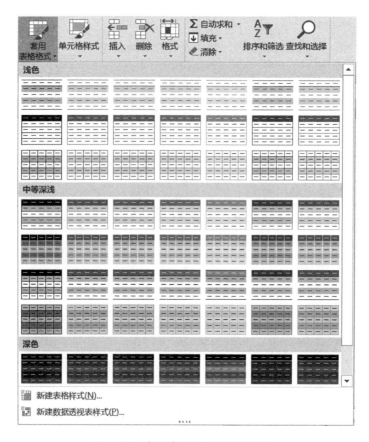

图 1-27 套用表格格式的提示菜单

第三步：用户可以选择需要的表格格式，在弹出的【套用表格式】对话框中单击【确定】按钮即可。

自动套用表格格式以后，若不再需要该表格格式，可以将表格转换为常规工作表上的数据区域。将表格转换为普通区域以后，表格功能将不再可用。例如，行标题不再包括排序和筛选箭头，公式中使用的结构化引用（使用表格名称的引用）将变成常规单元格引用。具体操作如下：

单击表格中的任意位置，然后在【表格工具/设计】选项卡下的【工具】组中单击【转换为区域】按钮，如图 1-28 所示。在弹出的对话框中单击【是】按钮即可，如图 1-29 所示。

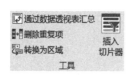

图 1-28 自动套用表格格式
转换为普通区域命令

图 1-29 确认自动套用表格格式
转换为普通区域对话框

五、打印工作表

用户制作完 Excel 工作表后，往往需要将其打印出来，若想使打印的工作表更加美观，可以对页面设置、打印预览、打印设置等进行调整。

（一）页面设置

页面设置包括页面、页边距、页眉/页脚、工作表四种设置。

1. 页面

打开需要打印的工作表，在【页面布局】选项卡下单击【页面设置】组中的按钮，打开【页面设置】对话框。在对话框的【页面】标签下对页面方向、纸张大小等进行设置，如图 1-30 所示。

2. 页边距

在【页面设置】对话框中单击【页边距】标签打开该选项卡，在选项卡的【上】【下】【左】【右】微调框中输入数值，设置文本边界与页面四周边界的距离，如图 1-31 所示。完成设置后，单击【确定】按钮关闭对话框即可。

图 1-30　页面设置演示　　　　图 1-31　页边距设置演示

3. 页眉/页脚

在【页面设置】对话框中单击【页眉/页脚】标签打开该选项卡，用户可以在页眉或页脚的下拉列表中选择页眉或页脚的样式，也可以单击【自定义页眉】或【自定义页脚】按钮，自己设计页眉或页脚，如图 1-32 所示。完成设置后，单击【确定】按钮关闭对话框即可。

4. 工作表

在【页面设置】对话框中单击【工作表】标签打开该选项卡，如果用户希望每页都打印标题部分，在【顶端标题行】中选择页面标题即可实现，如图1-33所示。完成设置后，单击【确定】按钮关闭对话框即可。

图1-32　页眉/页脚设置演示　　　　图1-33　工作表设置演示

（二）打印预览与打印设置

1. 打印预览

用户在打印Excel工作表之前，最好先进行预览，以确保其外观符合需要。

在正式打印之前，用户可以单击【页面设置】对话框中的【打印预览】按钮或单击【文件】选项卡下的【打印】按钮，打开打印预览页面查看效果，如图1-34所示。

2. 打印设置

◆ 若要更改打印机，可单击【打印机】下的下拉框，然后选择所需打印机。

◆ 若要更改页面设置，包括更改页面方向、纸张大小和页边距，可在【设置】下选择所需选项。

图1-34　打印预览页面

◆ 若要缩放整张工作表以适合单个打印页，可在【设置】下的【缩放】选项下拉框中单击所需选项。

◆ 若要打印活动工作表或整个工作簿或选定区域或所选表，可在【设置】下的【打印】选项下拉框中选择所需选项，如图1-35所示。

◆ 设置完毕后，单击【打印】按钮即可。

> 提示：如果工作表具有定义的打印区域，Excel 将仅打印该区域。如果不想打印定义的打印区域，须选择【忽略打印区域】选项。

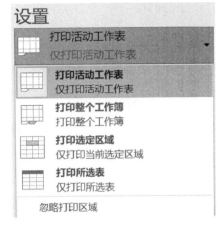

图 1-35 【打印】选项下拉框

任务三　Excel 的公式

公式用于对工作表中的数据执行计算或其他操作。简单的公式可以进行加法、减法、乘法、除法等计算，复杂一些的公式包含常量、函数、引用和运算符。

一、公式概述

公式始终以等号"="开始，后面可以跟数字、数学运算符（如加号"+"或减号"−"用于加法、减法）和内置函数，后者可以真正扩大公式的功能。

例如，公式"=5*7+3"，表示将5与7相乘，然后将结果与3相加，得出答案38。

（一）公式包含内容

1. 常量

常量是直接输入公式中的数字或文本值，如"2"。常量是一个不通过计算得出的值，它始终保持不变。例如，日期"10/5/2023"、数字"100"、文本"销售数量"等都是常量。表达式或从表达式得到的值不是常量。如果在公式中使用常量而不是对单元格的引用（如"=30+70+50"），则仅在修改公式时结果才会变化。通常情况下，最好在各单元格中放置常量，然后在公式中引用这些单元格。

2. 函数

函数是通过特定值（又称参数）按特定顺序或结构执行计算的预定义公式。函数可用于执行简单或复杂的计算。例如，PI 函数返回圆周率的值 3.14159…。

3. 引用

引用的作用在于标识工作表上的单元格或单元格区域，并告知 Excel 在何处查找公式中所使用的数据。例如，引用"A2"返回单元格 A2 中的值。

4. 运算符

运算符可指定对公式元素执行的计算类型。例如，"^"（脱字号）运算符表示数字的乘方，而"*"（星号）运算符表示数字的乘积。

（二）运算符

Excel 中的运算遵循常规数学规则，即包括括号、加号、减号、乘号、除号等。运算符分为四种不同类型：算术运算符、比较运算符、文本连接运算符和引用运算符。

1. 算术运算符

若要进行基本的数学运算（如加法、减法、乘法或除法）、合并数字及生成数值结果，可以使用表 1-1 中的算术运算符。

表 1-1　算术运算符

算术运算符	含义	示例
+（加号）	加法	=6+6
-（减号）	减法	=66-6
*（星号）	乘法	=6*6
/（正斜杠）	除法	=6/6
%（百分号）	百分比	60%
^（脱字号）	乘方	=6^2

2. 比较运算符

可以使用表 1-2 中的运算符比较两个值。使用这些运算符比较两个值时，结果为逻辑值 TRUE 或 FALSE。

表 1-2　比较运算符

比较运算符	含义	示例
=（等号）	等于	=A1=B1
>（大于号）	大于	=A1>B1
<（小于号）	小于	=A1<B1
>=（大于或等于号）	大于或等于	=A1>=B1
<=（小于或等于号）	小于或等于	=A1<=B1
<>（不等号）	不等于	=A1<>B1

3. 文本连接运算符

可以使用"&"（与号）连接一个或多个文本字符串，以生成一段文本，如表 1-3 所示。

表 1-3 文本连接运算符

文本连接运算符	含义	示例
&（与号）	将两个值连接（或串联）起来产生一个连续的文本值	="AB"&"CD"的结果为"ABCD" A1 代表"江苏省"，B1 代表"南京市"，则=A1&B1 的结果为"江苏省南京市"

4. 引用运算符

可以使用表 1-4 中的运算符对单元格区域进行合并计算。

表 1-4 引用运算符

引用运算符	含义	示例
:（冒号）	区域运算符，生成一个对两个引用之间所有单元格的引用（包括这两个引用）	A5:B15
,（逗号）	联合运算符，将多个引用合并为一个引用	=SUM（B1:B4,D1:D4）
（空格）	交集运算符，生成一个对两个引用中共有单元格的引用	=SUM（A1:C2 A2:C3）

（三）计算次序

在某些情况下，执行计算的次序会影响公式的返回值。Excel 将等号后面的字符解释为公式。等号后面是要计算的元素（操作数），如常量或单元格引用，它们由运算符分隔。Excel 按照公式中每个运算符的特定顺序从左到右计算公式。

如果一个公式中有若干个运算符，Excel 将按表 1-5 中的次序进行计算。如果一个公式中的若干个运算符具有相同的优先顺序，Excel 将从左到右计算各运算符。若要更改求值的顺序，可以将公式中要先计算的部分用括号括起来。

表 1-5 运算符优先顺序一览表

运算符（优先顺序由高到低）	说明
:	引用
（空格）	
,	
-	负数（如-1）
%	百分比
^	乘方

续表

运算符（优先顺序由高到低）	说明
*和/	乘和除
+和-	加和减
&	连接两个文本字符串（串联）
=	比较
<>	
<=	
>=	
<>	

二、公式引用

用户可以通过引用在一个公式中使用同一张工作表上不同部分包含的数据，或者使用同一个工作簿中其他工作表上的数据和其他工作簿中的数据，也可以通过引用在多个公式中使用同一个单元格的数据。引用其他工作簿中的单元格被称为链接或外部引用。

（一）A1 引用样式

Excel 默认使用 A1 引用样式，该引用样式引用字母标识列（从 A 到 XFD，共 16 384 列）及数字标识行（从 1 到 1 048 576）。这些字母和数字被称为列标和行号。若要引用某个单元格，输入列标和行号即可。例如，B2 表示引用列 B 和行 2 交叉处的单元格。

（二）引用同一个工作簿中另一张工作表上的单元格或单元格区域

在同一个工作簿中，用叹号"！"将工作表引用与单元格区域引用分开，如 = SUM（工资！A1：A20）指计算同一个工作簿中名为"工资"的工作表上 A1：A20 区域内所有值的总和。

（三）引用方式

Excel 引用方式有三种：相对引用、绝对引用和混合引用。

1. 相对引用

公式中的相对单元格引用（如 A1）是基于包含公式和单元格引用的单元格的相对位置。如果公式所在单元格的位置改变，相对引用随之改变。如果多行或多列地复制或填充公式，相对引用会自动调整。新公式默认使用相对引用。例如，如果将单元格 B2 中的相对引用（=A1）复制或填充到单元格 B3，则公式将自动从 =A1 调整到 =A2。

2. 绝对引用

公式中的绝对单元格引用（如 $A$1）总是在特定位置引用单元格。如果公式所在单元格的位置改变，绝对引用将保持不变。如果多行或多列地复制或填充公式，绝对引用将不做调整。新公式默认使用相对引用，如果有需要，可以将其转换为绝对引用。例如，如果将单元格 B2 中的绝对引用（=$A$1）复制或填充到单元格 B3，则该绝对引用在两个单元格中一样，都是=$A$1。

3. 混合引用

混合引用具有绝对列和相对行或绝对行和相对列。绝对引用列采取 $A1、$B1 等形式。绝对引用行采取 A$1、B$1 等形式。如果公式所在单元格的位置改变，相对引用会改变，而绝对引用将不变。如果多行或多列地复制或填充公式，相对引用会自动调整，而绝对引用将不做调整。例如，如果将一个混合引用（=A$1）从单元格 A2 复制到单元格 B3，则公式将自动从=A$1 调整到=B$1。

> **提示**：在使用引用时，Excel 默认使用相对引用，如果想改为绝对引用，只需要在编辑栏选中公式，按【F4】键，就可以在绝对引用、混合引用和相对引用之间切换。

（四）三维引用样式

三维引用便于引用多张工作表。如果要分析同一个工作簿中多张工作表上相同单元格或单元格区域中的数据，可以使用此引用样式。三维引用包含单元格引用和单元格区域引用，前面加上工作表名称的范围。例如，=SUM（Sheet2:Sheet13!B5）指计算单元格 B5 包含的所有值的和，单元格取值范围是工作表 2 到工作表 13。

> **提示**：三维引用不能在数组公式中使用，不能与交集运算符（空格）一起使用，不能在使用了绝对交集的公式中使用。

（五）R1C1 引用样式

对于 R1C1 引用样式而言，Excel 指出了行号在 R 后而列号在 C 后的单元格的位置。该引用样式对于计算位于宏内的行和列的位置很有用。

三、使用名称

用户可以使用描述性的名称来代表单元格、单元格区域、公式、常量或 Excel 表格。名称是一种有意义的简写形式，更便于了解单元格引用、常量、公式或表格的用途。

（一）定义名称

有多种方法定义名称，可以单击【公式】选项卡下的【定义的名称】组中的【定义名称】按钮进行定义，也可以选定区域后直接在名称框内输入名称，按【Enter】键确认即可。例如，选择 A1:B17 区域，在名称框内输入名称"GZB"，按【Enter】键确认。

(二）管理名称

单击【公式】选项卡下的【定义的名称】组中的【名称管理器】按钮，打开【名称管理器】对话框，可以对名称进行编辑、删除等操作，如图1-36所示。

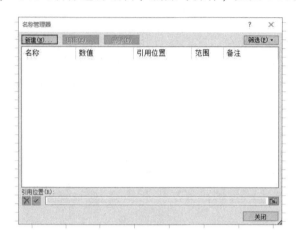

图1-36 【名称管理器】对话框

(三）应用名称

承上例，我们在计算A1:B17区域内所有值的和时，可以用名称"GZB"来代替A1:B17，即用公式"=SUM（GZB）"即可。

> 提示：使用名称引用时，Excel默认使用绝对引用。

四、使用数组

数组公式可以执行多项计算并返回一个或多个结果。数组公式对两组或多组名为数组参数的值执行运算。每个数组参数都必须有相同数量的行和列。除了用【Ctrl】+【Shift】+【Enter】组合键结束公式输入外，创建数组公式的方法与创建其他公式的方法相同。

(一）数组公式的输入

1. 输入数组常量

数组常量可以包含数字、文本、TRUE或FALSE等逻辑值、#N/A等错误值。同一个数组常量中可以包含不同类型的值，如"1，3，4；TRUE，FALSE，TRUE"。数组常量中数字可以使用整数、小数或科学记数格式；文本必须包含在半角的双引号内，如"Tuesday"。

【例题1-1】 在同一行输入数组常量。在单元格A1到D1区域输入数组常量"10，20，30，40"，操作步骤为：选定单元格A1到D1区域，在编辑栏输入公式"={10，20，30，40}"，按【Ctrl】+【Shift】+【Enter】组合键结束，如图1-37所示。

A1　{={10,20,30,40}}

	A	B	C	D	E
1	10	20	30	40	
2					
3					

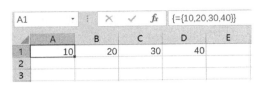

图 1-37　在同一行输入数组常量演示

提示： 输入时，用逗号将不同列的值分隔开。

【例题 1-2】　在不同行输入数组常量。在单元格 A1 到 D2 区域输入数组常量“10，20，30，40，50，60，70，80”，操作步骤为：选定单元格 A1 到 D2 区域，在编辑栏输入公式“= {10，20，30，40；50，60，70，80} ”，按【Ctrl】+【Shift】+【Enter】组合键结束，如图 1-38 所示。

A1　{={10,20,30,40;50,60,70,80}}

	A	B	C	D	E	F	G
1	10	20	30	40			
2	50	60	70	80			
3							

图 1-38　在不同行输入数组常量演示

提示： 输入时，用分号将不同行的值分隔开。

2. 输入数组公式

用户可以使用一个数组公式来实现需要分别使用多个公式才能实现的功能，以有效地简化工作表的计算。

下面以按照权重计算总成绩为例来介绍创建计算单个结果的数组公式的方法。

第一步：在工作表的单元格中输入学生的平时成绩、期中成绩和期末成绩。

第二步：选定单元格 E3 到 E9 区域，在编辑栏中输入公式“=B3:B9 * 30%+C3:C9 * 30%+D3:D9 * 40%”，按【Ctrl】+【Shift】+【Enter】组合键创建数组公式，此时编辑栏中公式的外侧添加了大括号“ {} ”，单元格中显示了计算结果，如图 1-39 所示。

E3　{=B3:B9*30%+C3:C9*30%+D3:D9*40%}

	A	B	C	D	E	F	G
1	“财务会计”成绩表						
2	学号	平时成绩(30%)	期中成绩(30%)	期末成绩(40%)	总成绩		
3	KJ001	86	88	90	88.2		
4	KJ002	75	67	76	73.0		
5	KJ003	78	77	68	73.7		
6	KJ004	88	67	76	76.9		
7	KJ005	90	88	84	87.0		
8	KJ006	75	79	90	82.2		
9	KJ007	70	67	76	71.5		
10							

图 1-39　创建计算单个结果的数组公式演示

> 提示：输入数组公式时，Excel 会自动在"｛｝"（大括号）之间插入公式。如果用户自己输入大括号，Excel 会将公式作为文本显示。

（二）数组公式的编辑

在 Excel 中，用户不能单独编辑、清除或移动数组公式中涉及的单元格区域的某一单元格，若要修改可按以下操作步骤进行：

第一步：如果已输入的是一个单个单元格数组公式，则选择这个单元格，按【F2】键进行修改，然后按【Ctrl】+【Shift】+【Enter】组合键确认。

第二步：如果已输入的是一个多个单元格数组公式，则选择所有单元格，按【F2】键，修改时应遵循以下规则：

◆ 不能移动包含数组公式的单个单元格，但可以以组的形式移动所有单元格，而且数组公式中的单元格引用也将随之改变。若要移动它们，应选择所有单元格，按【Ctrl】+【X】组合键，选择新的位置，然后按【Ctrl】+【V】组合键。

◆ 不能删除包含数组公式的单个单元格，但可以删除整个数组公式并重新开始编辑。

◆ 不能向结果单元格中添加新的单元格，但可以将新数据添加到工作表，然后扩展数组公式。

◆ 完成修改后，按【Ctrl】+【Shift】+【Enter】组合键确认。

任务四　Excel 相关函数

函数可用于执行简单或复杂的计算。用户可以在功能区的【公式】选项卡下找到 Excel 的所有函数，如图 1-40 所示。

图 1-40 【公式】选项卡下的 Excel 函数

一、函数概述

（一）函数语法

1. 结构

函数的结构是以等号"="开始，后面紧跟函数名称和左括号，然后以逗号分隔输入该函数的参数,最后以右括号结束,如=SUM(A1,A2,A3)。

2. 函数名称

如果要查看可用函数的列表,可以单击某个单元格并按【Shift】+【F3】组合键,打开【插入函数】对话框,或者单击【公式】选项卡下【函数库】组中的【插入函数】按钮也可以打开该对话框,如图1-41所示。

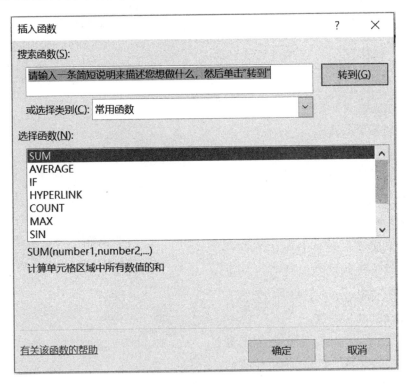

图1-41 【插入函数】对话框

3. 参数

参数可以是数字、文本、TRUE 或 FALSE 等逻辑值、数组、#N/A 等错误值或单元格引用,也可以是公式或其他函数。指定的参数都必须为有效参数值。

4. 参数工具提示

在输入函数时,会出现一个带有语法和参数的工具提示。例如,输入"=SUM"时,会出现工具提示。工具提示仅在使用内置函数时才会出现。

(二)输入 Excel 函数

1. 使用函数对话框

如果要创建带函数的公式,可以使用【插入函数】对话框帮助输入函数。在【插入函数】对话框中选择函数后将启动函数向导,弹出【函数参数】对话框。该对话框会显示函数的名称、各个参数、函数及各个参数的说明、函数的当前结果,以及整个公式的当前结果,如图1-42所示。

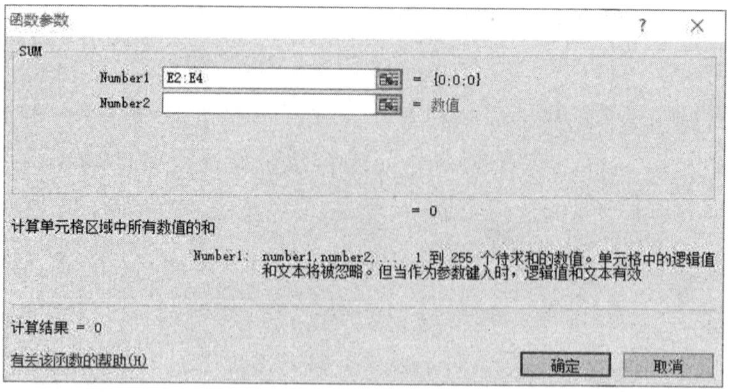

图 1-42 【函数参数】对话框

2. 使用公式自动完成

如果想更轻松地创建和编辑公式，最大限度地减少输入和语法错误，可以使用公式自动完成功能。输入等号"="和函数开头的几个字母后，Excel 会显示一个动态下拉列表，列表中包含与这几个字母相匹配的有效函数，这时可从下拉列表中选择一项，如图 1-43 所示。

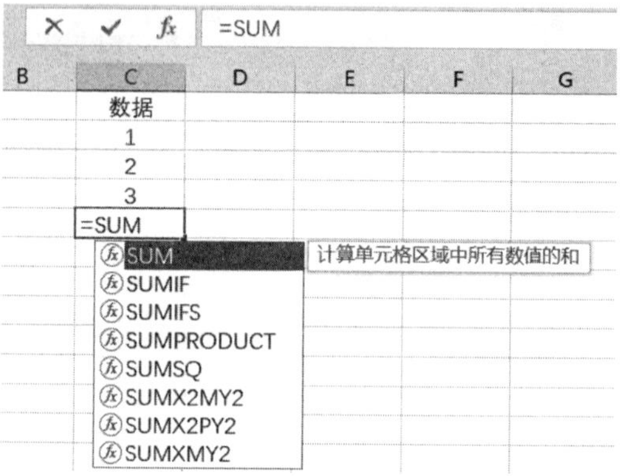

（三）嵌套 Excel 函数

在某些情况下，可能需要将某函数用作另一函数的参数。例如，图 1-44 所示的公式使用嵌套的 AVERAGE 函数并将结果与值 50 进行比较。AVERAGE 函数和 SUM 函数嵌套在 IF 函数中。

图 1-43 公式自动完成动态下拉列表

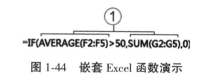

图 1-44 嵌套 Excel 函数演示

1. 有效返回值

当将嵌套函数作为参数使用时，该嵌套函数返回的值类型必须与参数使用的值类型相同。例如，如果参数返回一个 TRUE 或 FALSE 值，那么嵌套函数也必须返回一个 TRUE 或 FALSE 值；否则，Excel 会显示"#VALUE!"（错误值）。

2. 嵌套级别限制

一个公式可包含多达 7 级的嵌套函数。如果将一个函数（称此函数为 B）用作另一函数（称此函数为 A）的参数，则函数 B 就为第二级函数。例如，如果同时将 AVERAGE 函数和 SUM 函数用作 IF 函数的参数，则 AVERAGE 函数和 SUM 函数均为第二级函数。在嵌套的 AVERAGE 函数中嵌套的函数则为第三级函数，依此类推。

项目一　Excel 2016 概述

二、常用函数及其应用

本任务仅对部分常用函数的应用进行说明,其他有关函数将在以后各项目中分别予以介绍。

(一) SUM 函数

功能:计算单元格区域中所有数值的和。

语法:SUM(number1,[number2],…)。

参数说明:

number1:必需,表示待求和的第 1 个数值,可以是直接输入的数字、单元格引用或数组。

number2,…:可选,表示待求和的第 2—255 个数值,可以是直接输入的数字、单元格引用或数组。

【例题 1-3】　假设工作表上共有 50 名员工的数据,首行为标题,A 列是部门,B 列是姓名,C 列是年龄,D 列是工资,若要计算所有员工的工资总和,就单击单元格 D52,输入公式"=SUM(D2:D51)",按【Enter】键确认,即可得到计算结果。

(二) SUMIF 函数

功能:对满足条件的单元格求和。

语法:SUMIF(range,criteria,[sum_range])。

参数说明:

range:必需,根据条件进行计算的单元格区域。每个区域中的单元格都必须是数字或名称、数组或包含数字的引用。空值和文本值将被忽略。

criteria:必需,用于确定对哪些单元格求和的条件,其形式可以为数字、表达式、单元格引用、文本或函数。例如,条件可以表示为"32"">32""B5""工程师"等。可以在 criteria 参数中使用通配符(包括问号"?"和星号"*")。

提示:任何文本条件或任何含有逻辑符号或数学符号的条件都必须用双引号括起来。如果条件为数字,则无须使用双引号。

sum_range:可选,要求和的实际单元格。如果省略 sum_range 参数,Excel 会对在 range 参数中指定的单元格(应用条件的单元格区域)求和。

【例题 1-4】　假设工作表上共有 50 名员工的数据,首行为标题,A 列是部门,B 列是姓名,C 列是年龄,D 列是工资,若要计算财务部所有员工的工资总和,就单击单元格 D52,输入公式"=SUMIF(A2:A51,"财务部",D2:D51)",按【Enter】键确认,即可得到计算结果。

【例题 1-5】　承上例,若要计算年龄大于或等于 50 岁的员工的工资总和,就单击单元格 D52，输入公式"=SUMIF（C2:C51，">=50"，D2:D51）"，按【Enter】键确认，即可得到计算结果。

（三）AVERAGE 函数

功能：计算所有参数的平均值（算术平均值）。

语法：AVERAGE（number1，[number2]，…）。

参数说明：

number1：必需，表示用于计算平均值的第 1 个参数，可以是数值或包含数值的名称、数组或引用。

number2，…：可选，表示用于计算平均值的第 2—255 个参数，可以是数值或包含数值的名称、数组或引用。

【例题 1-6】 如果单元格 D1 到 D5 的数值分别为 1 000、700、920、470 和 820，则在下方的单元格中输入公式"=AVERAGE（D1:D5）"，按【Enter】键确认后，就可得到计算结果 782。

【例题 1-7】 如果把单元格 A1 到 A5 区域命名为"平均值"，其中的数值分别为 100、70、92、47 和 82，则在下方的单元格中输入公式"=AVERAGE（平均值）"，按【Enter】键确认后，就可得到计算结果 78.2。

（四）AVERAGEIF 函数

功能：计算某个区域中满足给定条件的所有单元格的平均值（算术平均值）。

语法：AVERAGEIF（range，criteria，[average_range]）。

参数说明：

range：必需，要计算平均值的一个或多个单元格，其中包括数字或包含数字的名称、数组或引用。

criteria：必需，形式为数字、表达式、单元格引用或文本的条件，用来定义将计算平均值的单元格范围。

average_range：可选，计算平均值的实际单元格区域。如果省略，则使用 range 参数中指定的单元格区域。

> 提示：忽略单元格区域中包含 TRUE 或 FALSE 的单元格、空单元格。

【例题 1-8】 假设工作表上共有 50 名员工的数据，首行为标题，A 列是部门，B 列是姓名，C 列是年龄，D 列是工资，若要计算财务部所有员工的平均工资，就单击单元格 D52，输入公式"=AVERAGEIF（A2:A51，"财务部"，D2:D51）"，按【Enter】键确认，即可得到计算结果。

（五）COUNT 函数

功能：计算给定单元格区域或参数列表中包含数字的单元格的个数。

语法：COUNT（value1，[value2]，…）。

参数说明：

value1：必需，要计算其中数字的个数的第一项、单元格引用或区域。

Value2，…：可选，要计算其中数字的个数的其他项、单元格引用或区域，最多可包含255个。

> 提示：这些参数可以包含或引用各种类型的数据，但只有数字类型的数据才被计算在内。

【例题1-9】 计算单元格A1到A20区域中数字的个数，如果此区域中有10个单元格包含数字，在下方的单元格中输入公式"=COUNT（A1:A20）"，则答案就为10。

（六）COUNTIF函数

功能：计算某个区域中满足给定条件的单元格数目。

语法：COUNTIF（range，criteria）。

参数说明：

range：必需，要进行计数的单元格区域，其中可以包括数字、数组、命名区域或包含数字的引用。空值和文本值将被忽略。

criteria：必需，用于确定对哪些单元格进行统计的条件，其形式可以为数字、表达式、单元格引用或文本字符串。

【例题1-10】 统计单元格D2到D100区域中包含"工程师"的单元格的个数，如果这个区域有30个包含"工程师"的单元格，在下方的单元格中输入公式"=COUNTIF（D2:D100，"工程师"）"，则结果为30。

（七）IF函数

功能：根据对指定条件的逻辑判断的真假结果，返回相对应的内容。

语法：IF（logical_test，[value_if_true]，[value_if_false]）。

参数说明：

logical_test：必需，进行判断的条件。

value_if_true：可选，条件判断结果为TRUE时返回的结果。

value_if_false：可选，条件判断结果为FALSE时返回的结果。

【例题1-11】 假如在单元格C29中输入公式"=IF（C26>=18，"符合要求"，"不符合要求"）"，按【Enter】键确认后，如果单元格C26中的数值大于或等于18，则单元格C29中显示"符合要求"字样；反之，显示"不符合要求"字样。

嵌套说明：IF语句非常强大，可以利用嵌套来实现复杂的多重判断。虽然Excel允许最多嵌套64个不同的IF函数，但不建议这样做。原因如下：一是要正确地构建多个IF语句需要费大量心思，并要确保其逻辑可以正确计算通过一直到结尾的每个条件；

二是多个 IF 语句维护起来非常困难。

(八) ROW 函数

功能：返回指定单元格引用的行号。

语法：ROW（[reference]）。

参数说明：

reference：可选，要返回其行号的单元格或单元格区域。

> 提示：如果省略 reference，则假定是对 ROW 函数所在单元格的引用。

如果 reference 参数为一个单元格区域，并且 ROW 函数作为垂直数组输入，则 ROW 函数将以垂直数组的形式返回 reference 参数的行号。

reference 参数不能引用多个单元格区域。

【例题 1-12】 在单元格 D9 中输入公式"=ROW（）"，则返回数字 9。

(九) COLUMN 函数

功能：返回指定单元格引用的列号。

语法：COLUMN（[reference]）。

参数说明：

reference：可选，要返回其列号的单元格或单元格区域。

> 提示：如果 reference 参数为一个单元格区域，并且 COLUMN 函数是以水平数组公式的形式输入的，则 COLUMN 函数将以水平数组的形式返回 reference 参数的列号。

【例题 1-13】 在单元格 D9 中输入公式"=COLUMN（）"，则返回数字 4。

(十) RANK 函数

功能：返回某数字在一列数字中相对于其他数值的大小排名。

语法：RANK（number，ref，[order]）。

参数说明：

number：必需，要查找排名的数字。

ref：必需，一组数或对一个数据列表的引用。非数字值将被忽略。

order：可选，一个指定数字排名方式的数字。

> 提示：如果 order 为 0 或省略，Excel 对数字的排名是基于 ref 按照降序排列的；如果 order 不为 0，Excel 对数字的排名是基于 ref 按照升序排列的。

RANK 函数赋予重复数相同的排名，但重复数的存在会影响后续数字的排名。例如，在按升序排名的整数列表中，如果数字 10 出现两次，且其排名为 5，则数字 11 的排名为 7（没有排名为 6 的数字）。

【例题 1-14】 根据图 1-45 中 B 列的数据进行销售量排名。在单元格 C2 中输入公式"= RANK（B2，$B$2：$B$8）"，按【Enter】键确认，然后向下填充或复制到单元格 C8，计算结果如图 1-45 所示。

注意：这里的区域用的是绝对引用。

图 1-45　RANK 函数应用演示

三、Excel 2016 软件的退出

Excel 2016 软件的退出有以下四种方法：

第一种：单击 Excel 窗口右上角的控制按钮 ✕，即可退出 Excel。

第二种：双击 Excel 窗口左上角，即可退出 Excel。

第三种：单击 Excel 窗口左上角→【关闭】按钮，即可退出 Excel，如图 1-46 所示。

第四种：按【Alt】+【F4】组合键也可退出 Excel。

图 1-46　Excel 2016 软件退出演示

思考与练习

一、数据快速录入

1. 建立工作簿，名称为"实践训练一"。

2. 建立工作表，名称为"数据快速录入表"。

3. 数据快速录入。

（1）在 A 列输入 3，6，9，…，最后一个数小于 100。

（2）在 B 列输入 3，6，12，…，最后一个数小于 20 000。

（3）在 C 列输入 2023 年 9 月的所有工作日。

（4）建立自定义序列"北京，上海，天津，重庆"。

（5）在 D 列按自定义序列输入"北京，上海，天津，重庆"，重复 3 次。

部分操作结果如图 1-47 所示。

	A	B	C	D
1	等差数列录入	等比数列录入	工作日录入	自定义序列录入
2	3	3	2023/9/1	北京
3	6	6	2023/9/4	上海
4	9	12	2023/9/5	天津
5	12	24	2023/9/6	重庆
6	15	48	2023/9/7	北京
7	18	96	2023/9/8	上海
8	21	192	2023/9/11	天津
9	24	384	2023/9/12	重庆
10	27	768	2023/9/13	北京
11	30	1536	2023/9/14	上海
12	33	3072	2023/9/15	天津
13	36	6144	2023/9/18	重庆

图 1-47　数据快速录入操作结果

二、格式设置

1. 建立工作表，名称为"记账凭证表"。

2. 按图 1-48 给出的格式建立表格。

3. 定义合计公式，要求无数据时不显示"0.00"。

4. 制单日期取当前日期。

5. 合计栏设置为"¥"格式。

6. 把"记账凭证表"存为 Excel 模板。

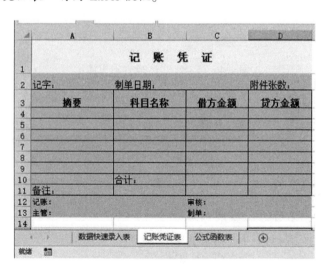

图 1-48　记账凭证表格式设置要求

三、工作表设置

1. 对"数据快速录入表"进行打印设置。

（1）页面：纸张大小为 A4，缩放比例为 80%。

(2) 页边距：【上】【下】【左】【右】均为2。

(3) 工作表：顶端标题行为"标题行"。

2. 将工作簿文件"实践训练一"打开密码设置为"123456"。

3. 设置工作表与单元格的保护。

4. 练习窗口的折分与冻结。

四、公式和函数

根据图1-49中的资料，完成以下操作。

1. 计算职称为高级的员工的实发工资总额。

2. 计算职称为中级的员工的平均实发工资。

3. 统计职称为高级的员工的人数。

4. 计算销售部员工的实发工资总额。

5. 统计实发工资大于或等于6 000元的员工的人数。

6. 计算实发工资排名。

	A	B	C	D	E
1	编号	部门	职称	实发工资	工资排名
2	001	管理部	高级	8633	7
3	002	销售部	初级	5673	9
4	003	生产部	中级	7178	8
5	004	生产部	中级	9166	4
6	005	销售部	高级	11046	3
7	006	销售部	中级	8705	6
8	007	管理部	中级	13575	2
9	008	销售部	中级	9166	4
10	009	管理部	高级	16647	1
11	010	生产部	初级	4620	10

图1-49 公式和函数计算资料

部分计算结果如图1-50所示。

G	H	I
题目要求	计算结果	计算公式
1. 计算职称为高级的员工的实发工资总额。	36326	=SUMIF(C2:C11,"高级",D2:D11)
2. 计算职称为中级的员工的平均实发工资。	9558	=AVERAGEIF(C2:C11,"中级",D2:D11)
3. 统计职称为高级的员工的人数。	3	=COUNTIF(C2:C11,"高级")
4. 计算销售部员工的实发工资总额。	34590	=SUMIF(B2:B11,"销售部",D2:D11)
5. 统计实发工资大于或等于6 000元的员工的人数。	8	=COUNTIF(D2:D11,">=6000")
6. 计算实发工资排名。	7	单元格E2=RANK(D2,$D$2:$D$11)

图1-50 公式和函数计算结果

项目二 Excel 在货币时间价值中的应用

学习目的

理解货币时间价值的相关概念、术语，掌握财务管理中现值、终值、年金、利率的基本内容和计算方法，熟练掌握 Excel 中财务函数的功能和用法，并能利用这些函数解决实际工作中的问题，结合养老金、房产贷款等案例，提升计算和应用货币时间价值的能力。

任务一　货币时间价值概述

一、相关概念

货币时间价值是经济学中的一个重要概念，在金融、财务方面也非常重要。可通过掌握 Excel 在货币时间价值中的应用，充分利用 Excel 函数快速解决货币时间价值中的计算问题。

（一）货币时间价值

货币时间价值又称资金时间价值，是指货币经历一定时间的投资和再投资所增加的价值。货币时间价值是资金周转使用发生的增值额，是资金所有者让渡资金使用权而参与社会财富分配的一种形式，相当于没有通货膨胀和风险条件下的社会平均资金利润率。对于资金所有者来说，货币时间价值表现为让渡资金使用权所要求的最低报酬。对于资金使用者来说，货币时间价值表现为使用资金而必须支付给资金所有者的成本。根据货币具有时间价值的理论，可以将货币在某一时点的价值金额折算为在其他时点的价值金额。

（二）本金

本金（Principal）即贷款、存款或投资在计算利息或收益之前的原始金额。本金在财务管理中称为现值,是指未来某一时点上的一定量现金折合到现在所对应的金额。

(三) 单利和复利

1. 单利

单利(Simple Interest)是指按照固定本金计算利息,而本金所产生的利息不再计算利息。简单来说,就是利不生利。

单利终值的计算公式(已知现值 P,求终值 F)为
$$F = P \times (1 + i \times n)$$

单利现值的计算公式(已知终值 F,求现值 P)为
$$P = F / (1 + i \times n)$$

2. 复利

复利(Compound Interest)是指把上一期的本金和利息作为下一期的本金来计算利息。简单来说,就是利滚利。

复利终值的计算公式(已知现值 P,求终值 F)为
$$F = P \times (1 + i)^n$$

复利现值的计算公式(已知终值 F,求现值 P)为
$$P = F / (1 + i)^n$$

(四) 现值和终值

1. 现值

现值(Present Value)是指未来某一时点上的一定量资金折算到现在所对应的金额。在 Excel 中,现值的函数名为 PV。

2. 终值

终值(Final Value)是指现在一定量的资金折算到未来某一时点所对应的金额。在 Excel 中,终值的函数名为 FV。

现值和终值是一定量资金在前后两个不同时点上对应的价值,其差额即为资金的时间价值。

(五) 年金

年金(Annuity)是指间隔期相等的系列等额收付款。年金包括普通年金、预付年金、递延年金、永续年金等形式。在 Excel 中,年金的函数名为 PMT。

1. 普通年金

普通年金是年金的最基本形式,它是指从第一期起,在一定时期内每期期末等额收付的系列款项,又称后付年金。

普通年金终值是指一定时期内每期期末收付款项的复利终值之和,其计算公式(已知年金 A,求年金终值 F)为
$$F = A \times (F/A, i, n)$$

普通年金现值是指一定时期内每期期末收付款项的复利现值之和，其计算公式（已知年金 A，求年金现值 P）为

$$P = A \times (P/A, i, n)$$

2. 预付年金

预付年金是指从第一期起，在一定时期内每期期初等额收付的系列款项，又称先付年金或即付本金。

预付年金终值是指一定时期内每期期初等额收付款项的复利终值之和，其计算公式（已知年金 A，求年金终值 F）为

$$F = A \times (F/A, i, n) \times (1+i) = A \times [(F/A, i, n+1) - 1]$$

预付年金现值是指一定时期内每期期初等额收付款项的复利现值之和，其计算公式（已知年金 A，求年金现值 P）为

$$P = A \times (P/A, i, n) \times (1+i) = A \times [(P/A, i, n-1) + 1]$$

预付年金与普通年金的区别仅在于收付款时间的不同，普通年金发生在期末，而预付年金发生在期初。

3. 递延年金

递延年金是指第一笔收付款项发生的时间不在第一期，而是隔若干期后才开始发生的系列等额收付款项。

4. 永续年金

永续年金是指无限期等额收付的年金，即一系列没有到期日的现金流。

永续年金现值的计算公式（已知年金 A，求年金现值 P）为

$$P = A/i$$

在年金中，系列等额收付的间隔期间只需要满足"相等"的条件即可，间隔期间可以不是一年。

（六）现值和终值的计算公式

为了帮助大家更好地理解上述概念，下面给出单利、复利和年金对应的现值和终值计算公式。其中，P 为现值，F 为终值，A 为年金，i 为利率，n 为时间（计算利息的期数），如表 2-1 所示。

表 2-1　现值和终值计算公式一览表

单利	终值	$F = P \times (1 + n \times i)$
	现值	$P = F / (1 + n \times i)$
复利	终值	$F = P \times (1+i)^n$
	现值	$P = F / (1+i)^n$

续表

普通年金	终值	$F = A \times (F/A, i, n)$ 在普通年金终值计算公式中，如果已知年金终值求年金，则求出的年金被称为偿债基金 即：偿债基金 = 普通年金终值 × 偿债基金系数 偿债基金系数与年金终值系数互为倒数
	现值	$P = A \times (P/A, i, n)$ 在普通年金现值计算公式中，如果已知年金现值求年金，则求出的年金被称为资本回收额 即：资本回收额 = 普通年金现值 × 资本回收系数 资本回收系数与年金现值系数互为倒数
预付年金	终值	$F = A \times (F/A, i, n) \times (1+i) = A \times [(F/A, i, n+1) - 1]$
	现值	$P = A \times (P/A, i, n) \times (1+i) = A \times [(P/A, i, n-1) + 1]$
递延年金	终值	$F = A \times (F/A, i, n)$，其中 n 是指 A 的个数，与递延期无关
	现值	计算方法一：先将递延年金视为 n 期普通年金，求出在 m 期期末普通年金现值，再将此年金现值按求复利现值的方法折算到第一期期初 $P_0 = A \times (P/A, i, n) \times (P/F, i, m)$ 计算方法二：先计算 $m+n$ 期年金现值，再减去 m 期年金现值 $P_0 = A \times [(P/A, i, m+n) - (P/A, i, m)]$ 计算方法三：先求递延年金终值，再折现为现值 $P_0 = A \times (F/A, i, n) \times (P/F, i, m+n)$
永续年金	终值	无终值
	现值	$P = A/i$

二、相关函数应用

（一）PMT 函数

1. PMT 函数相关要点

功能：基于固定利率和等额分期还款方式，返回贷款的每期付款额。PMT 函数即年金函数。

语法：PMT（rate，nper，pv，[fv]，[type]）。

参数说明：

rate：必需，表示各期利率。

nper：必需，表示该项贷款的付款总期数。

pv：必需，表示现值，或一系列未来付款额折算到现在的金额，也叫本金。

fv：可选，表示终值，或在最后一次付款后希望得到的现金余额。如果省略 fv，则假定其值为 0，即贷款的终值是 0。

type：可选，表示类型，用以指定各期的付款时间是在期初还是在期末。数字"0"

或省略表示期末，数字"1"表示期初。

> **提示**：PMT 函数返回的每期付款额包括本金和利息，但不包括税金、准备金，也不包括某些与贷款有关的费用。

rate 和 nper 的单位必须一致。例如，以 10%的年利率按月支付一笔 5 年期的贷款，则 rate 应为 10%/12，nper 应为 5*12。如果按年支付同一笔贷款，则 rate 应为 10%，nper 应为 5。

若要求出贷款期内的已付款总额，可将返回的 PMT 值乘以 nper。

2. 案例分析

金腾集团准备购买一台设备，价值为 80 万元，与供货方商定采用分期付款方式，5 年付清设备款，年利率为 7%，每月月底支付。若要计算每月月底的付款额，可按以下操作步骤进行：

第一步：打开 Excel 工作簿窗口。

第二步：在 Excel 工作表中选择要输入函数的单元格。

第三步：单击【公式】选项卡，在【函数库】组中选择【财务】选项。

第四步：单击【财务】选项，在弹出的下拉菜单中选择【PMT】函数，如图 2-1 所示。

第五步：单击【PMT】按钮后，打开【函数参数】对话框，输入相关数值，如图 2-2 所示。单击【确定】按钮后，即可得到结果。

PMT 函数计算题例

图 2-1 插入 PMT 函数的下拉菜单

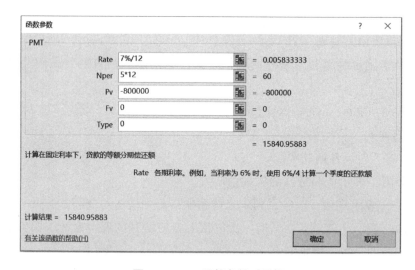

图 2-2 PMT 函数参数对话框

金腾集团每月月底需要支付15 840.96元。

(二) PV 函数

1. PV 函数相关要点

功能：用于根据固定利率计算贷款或投资的现值。可以将 PV 与定期付款、固定付款（如按揭或其他贷款）或投资目标的终值结合使用。

语法：PV（rate, nper, pmt, [fv], [type]）。

参数说明：

rate：必需，表示各期利率。例如，如果您获得年利率为8%的汽车贷款，并且每月还款一次，则每月的利率为8%/12。您需要在公式中输入"8%/12"作为 rate。

nper：必需，表示该项贷款的付款总期数。例如，如果您获得为期6年的汽车贷款，每月还款一次，则贷款期数为6*12。您需要在公式中输入"6*12"作为 nper。

pmt：必需，表示每期的付款金额，在整个贷款期内不能更改。通常情况下，pmt 包括本金和利息，但不包括其他费用或税金。例如，对于金额为150 000元、利率为8%的6年期汽车贷款，每月付款为2 629.99元。您需要在公式中输入"-2 629.99"作为 pmt。如果省略 pmt，则必须包括 fv 参数。

fv：可选，表示终值，或在最后一次付款后希望得到的现金余额。如果省略 fv，则假定其值为0（如贷款的终值是0）。例如，如果要在10年中为支付某个特殊项目而储蓄200 000元，则"200 000"就是 fv。然后，您可以对利率进行保守的猜测，并确定每月必须储蓄的金额。如果省略 fv，则必须包括 pmt 参数。

type：可选，表示类型，用以指定各期的付款时间是在期初还是在期末。数字"0"或省略表示期末，数字"1"表示期初。

> **提示**：应确认所指定的 rate 和 nper 单位的一致性。

2. PV 函数输入的一般操作步骤

第一步：打开 Excel 工作簿窗口。

第二步：在 Excel 工作表中选择要输入函数的单元格。

第三步：单击【公式】选项卡，在【函数库】组中选择【财务】选项。

第四步：单击【财务】选项，在弹出的下拉菜单中选择【PV】函数，如图2-3所示。

第五步：在弹出的【函数参数】对话框中进行所选函数参数的输入，如图2-4所示。

第六步：参数输入完毕后，单击【确定】按钮完成函数输入。

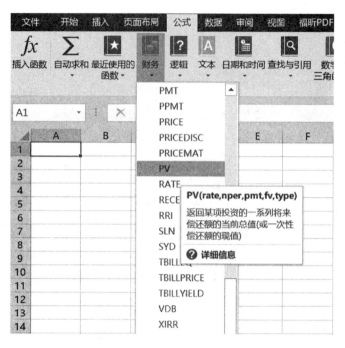

图 2-3　插入 PV 函数的下拉菜单

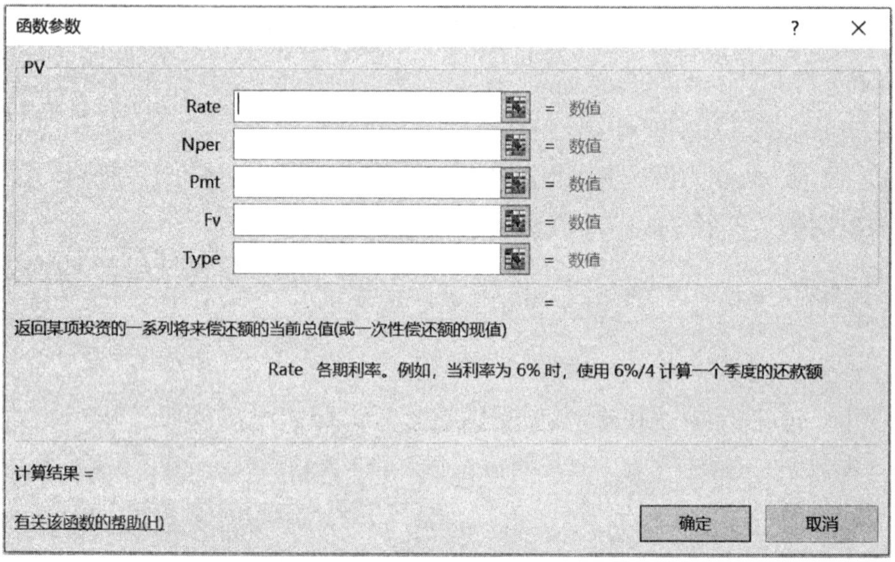

图 2-4　PV 函数参数对话框

3. 案例分析

小陈准备 6 年后买车，需要首付 15 万元，假定银行复利年利率为 6%，问现在小陈需要存入银行多少钱？

按上面的步骤，插入 PV 函数，并设置相关参数，其对话框如图 2-5 所示。

PV 函数计算题例

图 2-5　PV 函数参数对话框中的参数设置

小陈现在需要存入银行 105 744.08 元。

(三) FV 函数

1. FV 函数相关要点

功能：基于固定利率和等额分期付款方式，返回某项投资的终值。可以将 FV 与定期付款、固定付款或一次性付款结合使用。

语法：FV（rate, nper, pmt, [pv], [type]）。

参数说明：

rate：必需，表示各期利率。

nper：必需，表示该项投资总的付款期数。

pmt：必需，表示各期所应支付的金额，在整个投资期内保持不变。通常情况下，pmt 包括本金和利息，但不包括其他费用或税金。如果省略 pmt，则必须包括 pv 参数。

pv：可选，表示现值，或一系列未来付款当前值的累积和。如果省略 pv，则假定其值为 0，且必须包括 pmt 参数。

type：可选，表示类型，用以指定各期的付款时间是在期初还是在期末。数字"0"或省略表示期末，数字"1"表示期初。

> **提示**：应确认所指定的 rate 和 nper 单位的一致性。

对于所有参数，支出的款项，如银行存款，以负数表示；收入的款项，如股息收入，以正数表示。

2. FV 函数输入的一般操作步骤

第一步：打开 Excel 工作簿窗口。

第二步：在 Excel 工作表中选择要输入函数的单元格。

Excel 在财会中的应用

第三步：单击【公式】选项卡，在【函数库】组中选择【财务】选项，或者直接在【插入函数】对话框中选择【财务】类别，如图 2-6 所示。

第四步：单击【财务】选项，在弹出的下拉菜单中会显示该大类包括的所有函数，从中选择我们当前需要输入的终值函数，如图 2-7 所示。

第五步：单击【FV】选项，在弹出的【函数参数】对话框中输入参数。

第六步：参数输入完毕后，单击【确定】按钮完成函数输入。

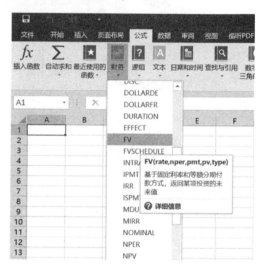

图 2-6　在插入函数对话框中选择 FV 函数　　图 2-7　插入 FV 函数的下拉菜单

3. 案例分析

小陈现在每月月初在银行存 5 000 元，假定银行复利年利率为 6%，问 8 年后小陈在银行有多少钱？

按上面的步骤，插入 FV 函数，并设置相关参数，其对话框如图 2-8 所示。

FV 函数计算题例

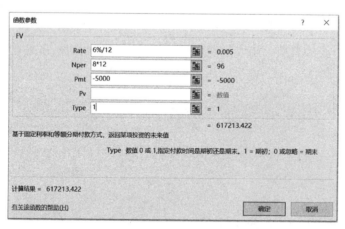

图 2-8　FV 函数参数对话框中的参数设置

8 年后小陈在银行有 617 213.42 元。

（四）RATE 函数

1. RATE 函数相关要点

功能：返回投资或贷款的每期实际利率，是通过迭代计算的，可能无解或有多个解。如果在进行 20 次迭代计算后，RATE 函数的相邻两次结果不能收敛于 0.000 000 1，则 RATE 函数将返回错误值"#NUM！"。

语法：RATE（nper, pmt, pv, [fv], [type], [guess]）。

参数说明：

nper：必需，表示该项投资或贷款的付款总期数。

pmt：必需，表示各期所应收取（或支付）的金额，在整个投资期或付款期内不能改变。通常情况下，pmt 包括本金和利息，但不包括其他费用或税金。如果省略 pmt，则必须包括 fv 参数。

pv：必需，表示现值，或一系列未来付款当前值的总和。

fv：可选，表示终值，或在最后一次付款后希望得到的现金余额。如果省略 fv，则假定其值为 0（如贷款的终值是 0），且必须包括 pmt 参数。

type：可选，表示类型，用以指定各期的付款时间是在期初还是在期末。数字"0"或省略表示期末，数字"1"表示期初。

guess：可选，表示预期利率。如果省略 guess，则假定其值为 10%。如果 RATE 函数不能收敛，请尝试不同的 guess 值。如果 guess 在 0 和 1 之间，RATE 函数通常会收敛。

> **提示**：应确认所指定的 guess 和 nper 单位的一致性。如果贷款期为 5 年（年利率为 12%），每月还款一次，则 guess 使用 12%/12，nper 使用 5*12。如果对相同贷款每年还款一次，则 guess 使用 12%，nper 使用 5。

2. 案例分析

有人向小王推销一款理财产品，现在存 6 万元，3 年后可以拿到 18 万元，请问小王可以投资吗？

按上例步骤，插入 RATE 函数，并设置相关参数，其对话框如图 2-9 所示。

RATE 函数计算题例

图 2-9　RATE 函数参数对话框中的参数设置

从计算结果可以看出,年利率高达 44.22%。这种投资不一定是馅饼,也可能是陷阱,小王还是谨慎为好。

(五) NPER 函数

1. NPER 函数相关要点

功能:基于固定利率和等额分期付款方式,返回某项投资或贷款的期数。

语法:NPER(rate,pmt,pv,[fv],[type])。

参数说明:

rate:必需,表示各期利率。

pmt:必需,表示各期所应支付的金额,在整个投资期或付款期内保持不变。通常情况下,pmt 包括本金和利息,但不包括其他费用或税金。

pv:必需,表示现值,或一系列未来付款当前值的累积和。

fv:可选,表示终值,或在最后一次付款后希望得到的现金余额。如果省略 fv,则假定其值为 0(如贷款的终值是 0)。

type:可选,表示类型,用以指定各期的付款时间是在期初还是在期末。数字"0"或省略表示期末,数字"1"表示期初。

2. 案例分析

小王准备分期付款购买一辆价值 18 万元的汽车,车贷年利率为 3%,每月月初支付 3 000 元,问小王多长时间能还清贷款?

按上例步骤,插入 NPER 函数,并设置相关参数,其对话框如图 2-10 所示。

NPER 函数计算题例

图2-10 NPER函数参数对话框中的参数设置

从计算结果可以看出,小王需64.91个月能还清贷款。

(六) PPMT 函数

1. PPMT 函数相关要点

功能:返回在定期偿还、固定利率条件下给定期数内某项投资(或贷款)的本金偿还额。

语法:PPMT (rate, per, nper, pv, [fv], [type])。

参数说明:

rate:必需,表示各期利率。

per:必需,表示指定期数,必须在1和nper之间。

nper:必需,表示该项投资(或贷款)的付款总期数。

pv:必需,表示现值,或一系列未来付款当前值的累积和。

fv:可选,表示终值,或在最后一次付款后希望得到的现金余额。如果省略fv,则假定其值为0(如贷款的终值是0)。

type:可选,表示类型,用以指定各期的付款时间是在期初还是在期末。数字"0"或省略表示期末,数字"1"表示期初。

> **提示**:应确认所指定的rate和nper单位的一致性。

2. 案例分析

金腾集团向银行借款8 000万元,期限为5年,年利率为12%,与银行约定以等额分期付款方式在每期期末偿付借款,则每年的本金偿还额为多少?

可以利用 PPMT 函数制作各年本金偿还计划表，操作步骤如下：

第一步：设计表格，如图 2-11 所示。

PPMT 函数计算题例

图 2-11　各年本金偿还计划表

第二步：在单元格 B5 中插入财务函数 PPMT，并设置相关参数，如图 2-12 所示。

第三步：单击【确定】按钮，剪切单元格 B5 中的公式，选中单元格 B5 到 B9，将公式粘贴到编辑栏，按【Ctrl】+【Shift】+【Enter】组合键（备注：数组方式），计算结果如图 2-13 所示。

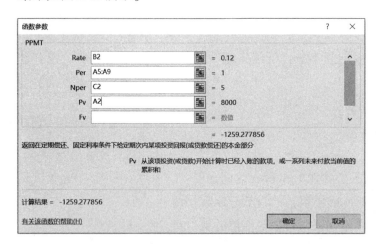

图 2-12　PPMT 函数参数对话框中的参数设置　　图 2-13　各年本金偿还计算结果

从计算结果可以看出，第一年的本金偿还额为 1 259.28 万元，第二年的本金偿还额为 1 410.39 万元……

（七）IPMT 函数

1. IPMT 函数相关要点

功能：返回在定期偿还、固定利率条件下给定期数内某项投资（或贷款）的利息偿还额。

语法：IPMT（rate，per，nper，pv，[fv]，[type]）。

参数说明：

rate：必需，表示各期利率。

per：必需，表示用于计算利息的期数，必须在 1 和 nper 之间。

nper：必需，表示该项投资（或贷款）的付款总期数。

pv：必需，表示现值，或一系列未来付款当前值的累积和。

fv：可选，表示终值，或在最后一次付款后希望得到的现金余额。如果省略 fv，则假定其值为 0（如贷款的终值是 0）。

type：可选，表示类型，用以指定各期的付款时间是在期初还是在期末。数字"0"或省略表示期末，数字"1"表示期初。

提示：应确认所指定的 rate 和 nper 单位的一致性。

对于所有参数，支出的款项，如银行存款，以负数表示；收入的款项，如股息收入，以正数表示。

2. 案例分析

运用上例相关数据，用 IPMT 函数计算各年的利息偿还额，操作步骤如下：

第一步：在单元格 C5 中插入财务函数 IPMT，并设置相关参数，如图 2-14 所示。

IPMT 函数计算题例

第二步：单击【确定】按钮，剪切单元格 C5 中的公式，选中单元格 C5 到 C9，将公式粘贴到编辑栏，按【Ctrl】+【Shift】+【Enter】组合键（备注：数组方式），结果如图 2-15 所示。

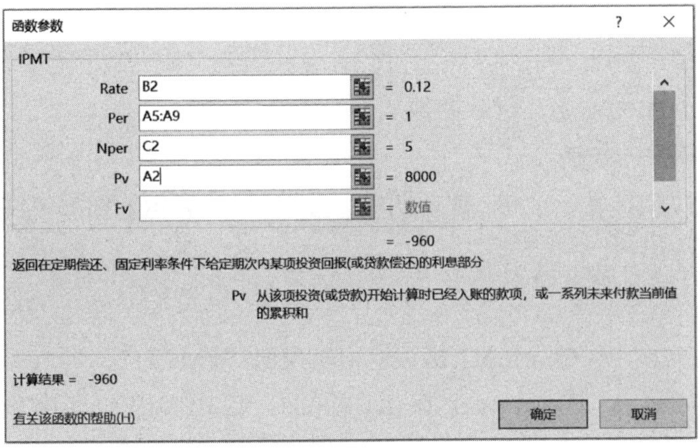

图 2-14 IPMT 函数参数对话框中的参数设置

图 2-15 各年利息偿还计算结果

从计算结果可以看出，第一年的利息偿还额为 960 万元，第二年的利息偿还额为 808.89 万元……

（八）CUMPRINC 函数

功能：返回一笔贷款在给定的 start_period 到 end_period 期间累计偿还的本金数额。

语法：CUMPRINC（rate，nper，pv，start_period，end_period，type）。

参数说明：

rate：必需，表示利率。

nper：必需，表示总付款期数。

pv：必需，表示现值。

start_period：必需，表示计算中的首期。付款期数从 1 开始计数。

end_period：必需，表示计算中的末期。

type：必需，表示付款时间类型。数字"0"表示期末，数字"1"表示期初。

> **提示**：应确认所指定的 rate 和 nper 单位的一致性。

如果 rate≤0、nper≤0 或 pv≤0，则 CUMPRINC 函数返回错误值"#NUM!"。

如果 start_period<1、end_period<1 或 start_period>end_period，则 CUMPRINC 函数返回错误值"#NUM!"。

如果 type 不为数字"0"或"1"，则 CUMPRINC 函数返回错误值"#NUM!"。

（九）CUMIPMT 函数

功能：返回一笔贷款在给定的 start_period 到 end_period 期间累计偿还的利息数额。

语法：CUMIPMT（rate，nper，pv，start_period，end_period，type）。

参数说明：

rate：必需，表示利率。

nper：必需，表示总付款期数。

pv：必需，表示现值。

start_period：必需，表示计算中的首期。付款期数从 1 开始计数。

end_period：必需，表示计算中的末期。

type：必需，表示付款时间类型。数字"0"表示期末，数字"1"表示期初。

> **提示**：应确认所指定的 rate 和 nper 单位的一致性。

如果 rate≤0、nper≤0 或 pv≤0，则 CUMIPMT 函数返回错误值"#NUM!"。

如果 start_period<1、end_period<1 或 start_period>end_period，则 CUMIPMT 函数返回错误值"#NUM!"。

如果 type 不为数字"0"或"1"，则 CUMIPMT 函数返回错误值"#NUM!"。

项目二　Excel在货币时间价值中的应用

任务二　Excel在现值和终值中的应用

一、复利现值

（一）复利现值的含义

复利现值是指未来某一时点的特定资金按复利计算的现在价值，或者说是为取得将来一定本利和现在所需要的本金。复利现值系数也即1元的复利现值。

（二）复利现值计算方法

（1）通过编制复利现值系数表计算。

（2）通过输入复利现值计算公式计算。

（3）利用现值函数求解。

（三）编制复利现值系数表的操作步骤

可以编制"复利现值系数表"，以方便查询和计算。下面介绍建立"复利现值系数表"模型的操作方法。

第一步：建立数据表模型，如图2-16所示。

第二步：在单元格B3中插入PV函数，如图2-17所示。注意数据引用使用混合引用方式。

第三步：单击【确定】按钮，公式建立完成。利用填充柄向下向右填充，得到"复利现值系数表"，用户也可把年数向下填充，把年利率向右填充，得到更多的数据。一个"复利现值系数表"模型建立完毕，如图2-18所示。

	年利率	1%	2%	3%	4%	5%	6%	7%	8%	9%	10%
年数											
1											
2											
3											
4											
5											
6											
7											
8											
9											
10											

图2-16　建立数据表模型

图 2-17　PV 函数参数对话框中的参数设置

	A	B	C	D	E	F	G	H	I	J	K
1		复利现值系数表									
2	年数\年利率	1%	2%	3%	4%	5%	6%	7%	8%	9%	10%
3	1	0.9901	0.9804	0.9709	0.9615	0.9524	0.9434	0.9346	0.9259	0.9174	0.9091
4	2	0.9803	0.9612	0.9426	0.9246	0.9070	0.8900	0.8734	0.8573	0.8417	0.8264
5	3	0.9706	0.9423	0.9151	0.8890	0.8638	0.8396	0.8163	0.7938	0.7722	0.7513
6	4	0.9610	0.9238	0.8885	0.8548	0.8227	0.7921	0.7629	0.7350	0.7084	0.6830
7	5	0.9515	0.9057	0.8626	0.8219	0.7835	0.7473	0.7130	0.6806	0.6499	0.6209
8	6	0.9420	0.8880	0.8375	0.7903	0.7462	0.7050	0.6663	0.6302	0.5963	0.5645
9	7	0.9327	0.8706	0.8131	0.7599	0.7107	0.6651	0.6227	0.5835	0.5470	0.5132
10	8	0.9235	0.8535	0.7894	0.7307	0.6768	0.6274	0.5820	0.5403	0.5019	0.4665
11	9	0.9143	0.8368	0.7664	0.7026	0.6446	0.5919	0.5439	0.5002	0.4604	0.4241
12	10	0.9053	0.8203	0.7441	0.6756	0.6139	0.5584	0.5083	0.4632	0.4224	0.3855

图 2-18　"复利现值系数表"模型

（四）案例分析

小晨想在 3 年后从银行取出 1 000 元，年利率为 3%，按复利计算，现在应存入多少钱？

思路：该问题为复利现值计算问题，可以通过输入复利现值计算公式 $P=F/(1+i)^n$ 求解。

复利现值计算题例

操作步骤如下：

第一步：在"货币时间价值计算"工作簿中创建名称为"复利现值计算"的 Excel 工作表。

第二步：在 Excel 工作表中输入题目的基本信息，如图 2-19 所示。

第三步：将复利现值计算公式输入单元格 B4 中，系统自动计算出现值的金额，如图 2-20 所示。

	A	B	C
1	终值	1000	
2	利率	3%	
3	年限	3	
4	现值		

图 2-19　复利现值计算题例

B4　fx =B1/(1+B2)^B3

	A	B	C	D	E
1	终值	1000			
2	利率	3%			
3	年限	3			
4	现值	915			

图 2-20　复利现值计算结果

由上述操作可知，小晨想在 3 年后从银行取出 1 000 元，在年利率为 3%的情况下，按复利计算，现在应存入 915 元。

二、复利终值

（一）复利终值的含义

复利终值是指现在某一时点的特定资金按复利计算的未来价值，又称本利和。每经过一个计息期后，都要将所生利息加入本金，以计算下期的利息。这样，在每一计息期，上一个计息期的利息都要成为生息的本金。复利终值系数也即 1 元的复利终值。

（二）复利终值计算方法

（1）通过编制复利终值系数表计算。可以编制"复利终值系数表"，以方便查询和计算。"复利终值系数表"模型的建立方法可以参照"复利现值系数表"模型。

下面仅展示"复利终值系数表"模型的结果，用户可以自行实践，如图 2-21 所示。

（2）通过复利终值计算公式计算。

（3）利用终值函数求解。

B3　fx =FV(B$2,$A3,,-1)

	A	B	C	D	E	F	G	H	I	J	K
1	复利终值系数表										
2	年数\年利率	1%	2%	3%	4%	5%	6%	7%	8%	9%	10%
3	1	1.0100	1.0200	1.0300	1.0400	1.0500	1.0600	1.0700	1.0800	1.0900	1.1000
4	2	1.0201	1.0404	1.0609	1.0816	1.1025	1.1236	1.1449	1.1664	1.1881	1.2100
5	3	1.0303	1.0612	1.0927	1.1249	1.1576	1.1910	1.2250	1.2597	1.2950	1.3310
6	4	1.0406	1.0824	1.1255	1.1699	1.2155	1.2625	1.3108	1.3605	1.4116	1.4641
7	5	1.0510	1.1041	1.1593	1.2167	1.2763	1.3382	1.4026	1.4693	1.5386	1.6105
8	6	1.0615	1.1262	1.1941	1.2653	1.3401	1.4185	1.5007	1.5869	1.6771	1.7716
9	7	1.0721	1.1487	1.2299	1.3159	1.4071	1.5036	1.6058	1.7138	1.8280	1.9487
10	8	1.0829	1.1717	1.2668	1.3686	1.4775	1.5938	1.7182	1.8509	1.9926	2.1436
11	9	1.0937	1.1951	1.3048	1.4233	1.5513	1.6895	1.8385	1.9990	2.1719	2.3579
12	10	1.1046	1.2190	1.3439	1.4802	1.6289	1.7908	1.9672	2.1589	2.3674	2.5937

图 2-21　"复利终值系数表"模型

(三)案例分析

小郑把 1 000 元存入银行,年利率为 3%,按复利计算,这笔资金在第一年、第二年、第三年年末的终值分别是多少?

思路:该问题为复利终值计算问题,可以使用以下两种方法解决:一种是通过输入复利终值计算公式 $F=P\times(1+i)^n$ 求解;另一种是利用终值函数求解。

复利终值计算题例

(1) 通过输入复利终值计算公式 $F=P\times(1+i)^n$ 求解,操作步骤如下:

第一步:在"货币时间价值计算"工作簿中创建名称为"复利终值计算1"的 Excel 工作表。

第二步:在 Excel 工作表中输入题目的基本信息,如图 2-22 所示。其中,现值、利率、年限可以使用填充柄输入。

第三步:将复利终值计算公式输入单元格 B4、C4、D4 中,分别计算出第一年、第二年、第三年年末的复利终值,如图 2-23 所示。

在单元格 B4 中输入复利终值计算公式"=B1*(1+B2)^B3",求出第一年年末的单利终值,然后使用填充柄向右复制公式到单元格 D4,求出第二年、第三年年末的复利终值,也可以通过数组公式来实现此功能。首先选择单元格 B4 到 D4 区域,然后输入公式"=B1:D1*(1+B2:D2)^B3:D3",再按【Ctrl】+【Shift】+【Enter】组合键确定输入数组公式。单元格 B4、C4、D4 中的公式均为"{=B1:D1*(1+B2:D2)^B3:D3}"。

由上述操作可知,小郑把 1 000 元存入银行,年利率为 3%,按复利计算,在第一年年末可获得 1 030 元,在第二年年末可获得 1 061 元,在第三年年末可获得 1 093 元。

图 2-22 复利终值计算题例

图 2-23 复利终值计算结果

（2）利用终值函数求解，操作步骤如下：

第一步：在"货币时间价值计算"工作簿中创建名称为"复利终值计算 2"的 Excel 工作表。

第二步：在 Excel 工作表中选择要输入函数的单元格，如图 2-24 所示。

第三步：单击【公式】选项卡，在【函数库】组中单击【财务】选项，在弹出的下拉菜单中选择【FV】函数，如图 2-25 所示。

图 2-24　选定输入函数的单元格

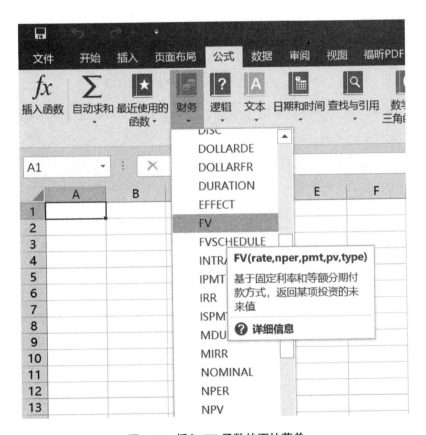

图 2-25　插入 FV 函数的下拉菜单

第四步：根据终值函数形式，分析案例中终值函数的相关参数，并将参数值填入相应文本框内，pmt 即年金，本案例未涉及，可不填，如图 2-26 所示。

Excel 在财会中的应用

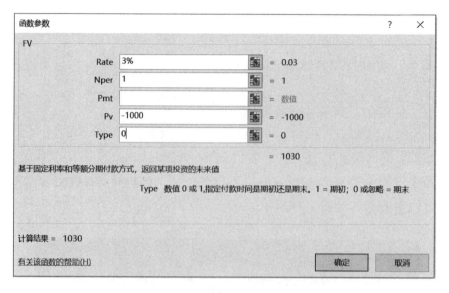

图 2-26 FV 函数参数对话框中的参数设置

第五步：参数输入完毕后，单击【确定】按钮完成函数输入，如图 2-27 所示。

图 2-27 FV 函数输入完毕后的返回值

求得第一年年末的终值为 1 030 元，计算第一年年末终值的函数为"FV（3%，1，，-1000，0）"，第二年、第三年年末的终值可用相同的方法求得，其函数分别为"FV（3%，2，，-1000，0）"和"FV（3%，3，，-1000，0）"。

由上述操作可知，小郑把 1 000 元存入银行，年利率为 3%，按复利计算，在第一年年末终值为 1 030 元，在第二年年末终值为 1 061 元，在第三年年末终值为 1 093 元。

本案例中，也可以通过数组函数来实现此功能，操作步骤如下：

第一步：打开"复利终值计算 2"Excel 工作表。

第二步：在 Excel 工作表中输入题目的基本信息，如图 2-28 所示。

第三步：选择单元格 B4 到 D4 区域，然后插入终值函数并添加相应的参数，注意参数由单期计算终值的"数值参数"变成"数组参数"，如图 2-29 所示。

	A	B	C	D
1	现值	-1000	-1000	-1000
2	利率	3%	3%	3%
3	年限	1	2	3
4	终值			

图 2-28 复利终值计算题例

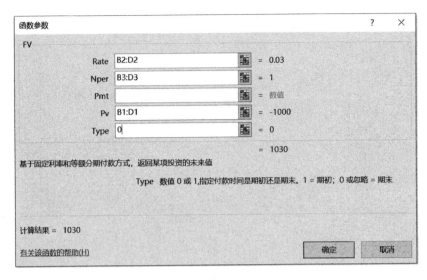

图 2-29　FV 函数参数对话框中的数组参数设置

第四步：数组参数输入完毕后，按【Ctrl】+【Shift】+【Enter】组合键，数组终值函数输入完毕，计算结果与前述方法相同，如图 2-30 所示。

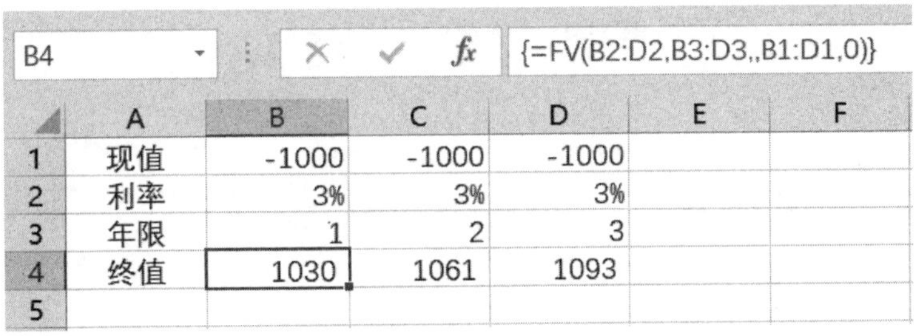

图 2-30　复利终值计算结果

三、年金现值

（一）年金现值的含义

年金现值就是在已知等额收付款金额未来本利、利率和计息期数时，考虑货币时间价值，计算出的这些收付款现在的等价票面金额。年金现值系数就是按利率每期收付 1 元钱折成的现值。

（二）年金现值计算方法

可以编制"年金现值系数表"，以方便查询和计算。下面介绍建立"年金现值系数表"模型的操作方法。

第一步：建立数据表模型，并在单元格 K1 中设置下拉列表。单击单元格 K1，然后单击【数据】选项卡，在【数据工具】组中选择【数据验证】选项，在弹出的【数据验证】对话框的【设置】标签下的【验证条件】中的【允许】下拉列表中选择【序列】、【来源】框内输入"先付,后付",如图 2-31 和图 2-32 所示。

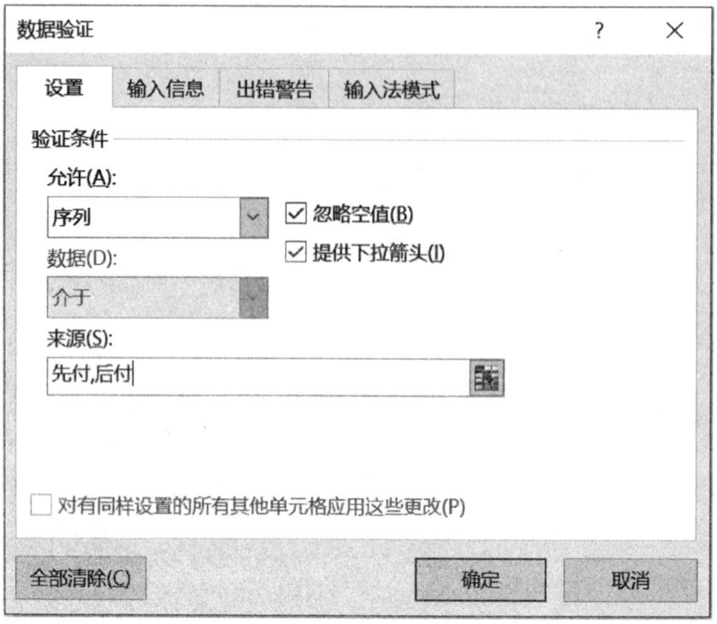

图 2-31 【数据验证】对话框

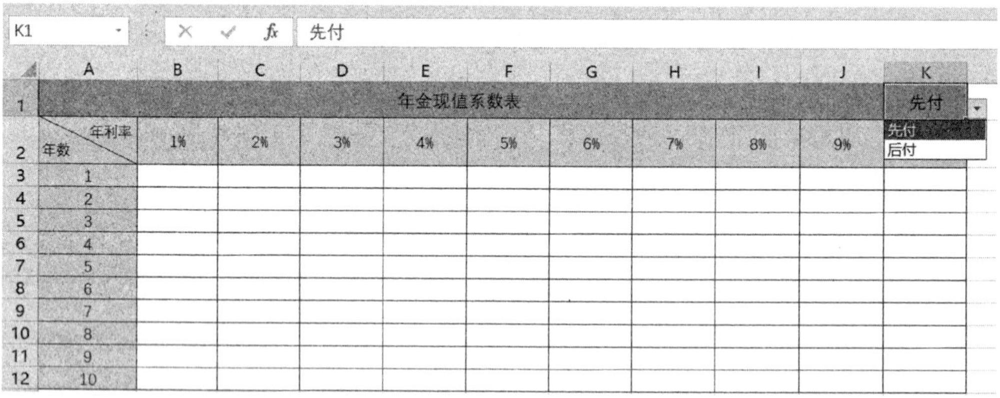

图 2-32 建立数据表模型

第二步:在单元格 B3 中插入 PV 函数,如图 2-33 所示。注意数据引用使用混合引用方式。type 中用 IF 函数来实现"先付"和"后付"的选择。

第三步:单击【确定】按钮,公式建立完成。利用填充柄向下向右填充,得到"年金现值系数表",用户也可把年数向下填充,把年利率向右填充,得到更多的数据。

第四步:在单元格 K1 中选择"先付"或"后付"就可以得到不同结果,"年金现值系数表"模型建立完毕。选择"先付"计算结果如图 2-34 所示,选择"后付"计算结果如图 2-35 所示。

项目二　Excel在货币时间价值中的应用

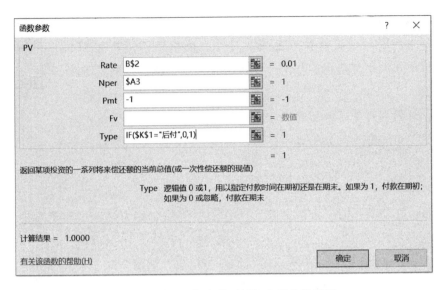

图 2-33　PV 函数参数对话框中的参数设置

B3　fx　=PV(B$2,$A3,-1,,IF($K$1="后付",0,1))

年金现值系数表 (先付)

年数\年利率	1%	2%	3%	4%	5%	6%	7%	8%	9%	10%
1	1.0000	1.0000	1.0000	1.0000	1.0000	1.0000	1.0000	1.0000	1.0000	1.0000
2	1.9901	1.9804	1.9709	1.9615	1.9524	1.9434	1.9346	1.9259	1.9174	1.9091
3	2.9704	2.9416	2.9135	2.8861	2.8594	2.8334	2.8080	2.7833	2.7591	2.7355
4	3.9410	3.8839	3.8286	3.7751	3.7232	3.6730	3.6243	3.5771	3.5313	3.4869
5	4.9020	4.8077	4.7171	4.6299	4.5460	4.4651	4.3872	4.3121	4.2397	4.1699
6	5.8534	5.7135	5.5797	5.4518	5.3295	5.2124	5.1002	4.9927	4.8897	4.7908
7	6.7955	6.6014	6.4172	6.2421	6.0757	5.9173	5.7665	5.6229	5.4859	5.3553
8	7.7282	7.4720	7.2303	7.0021	6.7864	6.5824	6.3893	6.2064	6.0330	5.8684
9	8.6517	8.3255	8.0197	7.7327	7.4632	7.2098	6.9713	6.7466	6.5348	6.3349
10	9.5660	9.1622	8.7861	8.4353	8.1078	7.8017	7.5152	7.2469	6.9952	6.7590

图 2-34　"年金现值系数表"模型（先付）

B3　fx　=PV(B$2,$A3,-1,,IF($K$1="后付",0,1))

年金现值系数表 (后付)

年数\年利率	1%	2%	3%	4%	5%	6%	7%	8%	9%	10%
1	0.9901	0.9804	0.9709	0.9615	0.9524	0.9434	0.9346	0.9259	0.9174	0.9091
2	1.9704	1.9416	1.9135	1.8861	1.8594	1.8334	1.8080	1.7833	1.7591	1.7355
3	2.9410	2.8839	2.8286	2.7751	2.7232	2.6730	2.6243	2.5771	2.5313	2.4869
4	3.9020	3.8077	3.7171	3.6299	3.5460	3.4651	3.3872	3.3121	3.2397	3.1699
5	4.8534	4.7135	4.5797	4.4518	4.3295	4.2124	4.1002	3.9927	3.8897	3.7908
6	5.7955	5.6014	5.4172	5.2421	5.0757	4.9173	4.7665	4.6229	4.4859	4.3553
7	6.7282	6.4720	6.2303	6.0021	5.7864	5.5824	5.3893	5.2064	5.0330	4.8684
8	7.6517	7.3255	7.0197	6.7327	6.4632	6.2098	5.9713	5.7466	5.5348	5.3349
9	8.5660	8.1622	7.7861	7.4353	7.1078	6.8017	6.5152	6.2469	5.9952	5.7590
10	9.4713	8.9826	8.5302	8.1109	7.7217	7.3601	7.0236	6.7101	6.4177	6.1446

图 2-35　"年金现值系数表"模型（后付）

（三）案例分析

金腾集团新增一台机器并立即投入使用，该机器使用年限为8年，预计每年年末均可获利6万元，年利率为10%，计算该机器所获利润的现值。

普通年金现值
计算题例

思路：该问题为普通年金现值计算问题，可以通过以下两种方法解决：一种是通过输入年金现值计算公式求解；另一种是利用现值函数求解。

操作步骤如下：

第一步：在"货币时间价值计算"工作簿中创建名称为"普通年金现值计算"的Excel工作表。

第二步：在Excel工作表中输入题目的基本信息，如图2-36所示。

第三步：将普通年金现值计算公式输入单元格B4中，系统自动计算出普通年金现值的金额，如图2-37所示。

图2-36　普通年金现值计算题例　　　　图2-37　普通年金现值计算结果

由上述操作可知，该机器所获利润的现值为320 096元。

四、年金终值

（一）年金终值的含义

年金终值就是在已知等额收付款金额、利率和计息期数时，考虑货币时间价值，计算出的这些收付款到期时的等价票面金额。年金终值系数就是按利率每期收付1元钱折成的终值。

（二）年金终值计算方法

（1）通过编制年金终值系数表计算。可以编制"年金终值系数表"，以方便查询和计算。"年金终值系数表"模型的建立方法可以参照"年金现值系数表"模型。

下面仅展示"年金终值系数表"模型的结果，用户可以自行实践。选择"先付"计算结果如图2-38所示，选择"后付"计算结果如图2-39所示。

（2）通过年金终值计算公式计算。

（3）利用终值函数求解。

B3		▼	:	×	✓	fx	=FV(B$2,$A3,-1,,IF($K$1="后付",0,1))			
	A	B	C	D	E	F	G	H	I	J	K
1						年金终值系数表					先付
2	年利率 年数	1%	2%	3%	4%	5%	6%	7%	8%	9%	10%
3	1	1.0100	1.0200	1.0300	1.0400	1.0500	1.0600	1.0700	1.0800	1.0900	1.1000
4	2	2.0301	2.0604	2.0909	2.1216	2.1525	2.1836	2.2149	2.2464	2.2781	2.3100
5	3	3.0604	3.1216	3.1836	3.2465	3.3101	3.3746	3.4399	3.5061	3.5731	3.6410
6	4	4.1010	4.2040	4.3091	4.4163	4.5256	4.6371	4.7507	4.8666	4.9847	5.1051
7	5	5.1520	5.3081	5.4684	5.6330	5.8019	5.9753	6.1533	6.3359	6.5233	6.7156
8	6	6.2135	6.4343	6.6625	6.8983	7.1420	7.3938	7.6540	7.9228	8.2004	8.4872
9	7	7.2857	7.5830	7.8923	8.2142	8.5491	8.8975	9.2598	9.6366	10.0285	10.4359
10	8	8.3685	8.7546	9.1591	9.5828	10.0266	10.4913	10.9780	11.4876	12.0210	12.5795
11	9	9.4622	9.9497	10.4639	11.0061	11.5779	12.1808	12.8164	13.4866	14.1929	14.9374
12	10	10.5668	11.1687	11.8078	12.4864	13.2068	13.9716	14.7836	15.6455	16.5603	17.5312

图 2-38 "年金终值系数表"模型（先付）

B3		▼	:	×	✓	fx	=FV(B$2,$A3,-1,,IF($K$1="后付",0,1))			
	A	B	C	D	E	F	G	H	I	J	K
1						年金终值系数表					后付
2	年利率 年数	1%	2%	3%	4%	5%	6%	7%	8%	9%	10%
3	1	1.0000	1.0000	1.0000	1.0000	1.0000	1.0000	1.0000	1.0000	1.0000	1.0000
4	2	2.0100	2.0200	2.0300	2.0400	2.0500	2.0600	2.0700	2.0800	2.0900	2.1000
5	3	3.0301	3.0604	3.0909	3.1216	3.1525	3.1836	3.2149	3.2464	3.2781	3.3100
6	4	4.0604	4.1216	4.1836	4.2465	4.3101	4.3746	4.4399	4.5061	4.5731	4.6410
7	5	5.1010	5.2040	5.3091	5.4163	5.5256	5.6371	5.7507	5.8666	5.9847	6.1051
8	6	6.1520	6.3081	6.4684	6.6330	6.8019	6.9753	7.1533	7.3359	7.5233	7.7156
9	7	7.2135	7.4343	7.6625	7.8983	8.1420	8.3938	8.6540	8.9228	9.2004	9.4872
10	8	8.2857	8.5830	8.8923	9.2142	9.5491	9.8975	10.2598	10.6366	11.0285	11.4359
11	9	9.3685	9.7546	10.1591	10.5828	11.0266	11.4913	11.9780	12.4876	13.0210	13.5795
12	10	10.4622	10.9497	11.4639	12.0061	12.5779	13.1808	13.8164	14.4866	15.1929	15.9374

图 2-39 "年金终值系数表"模型（后付）

（三）案例分析

金腾集团新增一台机器并立即投入使用，该机器使用年限为 8 年，预计每年年末均可获利 6 万元，年利率为 10%，计算该机器所获利润的终值。

普通年金终值
计算题例

思路：该问题为普通年金终值计算问题，可以通过以下两种方法解决：一种是通过输入年金终值计算公式求解；另一种是利用终值函数求解。

（1）通过输入年金终值计算公式求解。操作步骤如下：

第一步：在"货币时间价值计算"工作簿中创建名称为"普通年金终值计算"的 Excel 工作表。

第二步：在 Excel 工作表中输入题目的基本信息，如图 2-40 所示。

	A	B
1	年金	60000
2	利率	10%
3	年限	8
4	终值	

图 2-40 普通年金终值
计算题例

第三步：将普通年金终值计算公式输入单元格 B4 中，系统自动计算出普通年金终值的金额，如图 2-41 所示。

B4		×	✓	fx	=B1*((1+B2)^B3-1)/B2	
	A	B	C	D	E	F
1	年金	60000				
2	利率	10%				
3	年限	8				
4	终值	686153				

图 2-41　普通年金终值计算结果

由上述操作可知，该机器所获利润的终值为 686 153 元。

（2）利用终值函数求解。分析案例的信息，参考复利终值函数的操作步骤完成计算，如图 2-42 所示。

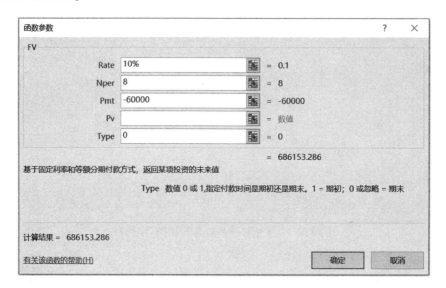

图 2-42　FV 函数参数对话框中的参数设置

本案例是计算普通年金的终值，付款时间在每期期末。

金腾集团每年年末获利 60 000 元，只有将这 60 000 元存入银行才能享受到 10% 的利率。若计算年金，金腾集团这 60 000 元利润就变成了支付给银行的资金，所以以负数形式出现。

由上述操作可知，该机器所获利润的终值函数为"FV（10%，8，-60000，，0）"，即该机器所获利润为 686 153 元。

任务三　Excel 在货币时间价值中的应用案例

一、养老金案例

（一）案例内容

费晨晨计划 46 岁开始为自己储备养老金直到 65 岁退休，希望 66 岁到 85 岁每年年初支取 60 000 元作为生活补贴，假定年利率为 7%。

养老金案例题例

（1）费晨晨每年年初需要存多少钱？

（2）假如费晨晨在 46 岁前养老金账户已有存款 60 000 元，现作为本金存入，则费晨晨每年年初需要存多少钱？

（3）假如费晨晨想在 85 岁时扣除全部已支取的金额后养老金账户仍然有 250 000 元，则费晨晨每年年初需要存多少钱？

（二）计算方法

分析案例可知，本案例需要解决费晨晨从 46 岁起每年存多少钱的问题。我们分三种情况编制"费晨晨养老金计划表"，具体操作步骤如下：

第一步：计算第一种方案中"66 岁到 85 岁需要的养老金总额"。

第二步：计算第一种方案中"每年年初存入的金额"。

第三步：由于第二种方案中有一次性存款，所以在计算"每年年初存入的金额"时需要做相应变化。

第四步：第三种方案中要求 85 岁时除已支取的养老金外还有 250 000 元的账面存款，在计算"每年年初存入的金额"时也需要做相应变化。

相关指标计算公式如图 2-43 所示。

图 2-43　费晨晨养老金计划相关指标计算公式

由上述操作可知，第一种方案，每年年初需要存 15 505.14 元；第二种方案，每年年初需要存 9 841.56 元；第三种方案，每年年初需要存 17 081.04 元。计算结果如图 2-44 所示。

Excel 在财会中的应用

	A	B
1	费晨晨养老金计划表	
2	第一种方案	
3	利率	7%
4	从66岁起支取养老金的年限	20
5	每年年初支取的金额	60000
6	66岁到85岁需要的养老金总额	635640.85
7	从46岁起存入养老金的年限	20
8	每年年初存入的金额	15505.14
9	第二种方案	
10	66岁到85岁需要的养老金总额	635640.85
11	46岁时的一次性存款	60000
12	每年年初存入的金额	9841.56
13	第三种方案	
14	85岁时养老金的净账面金额	250000
15	66岁到85岁需要的养老金总额	700245.61
16	每年年初存入的金额	17081.04

图 2-44 费晨晨养老金计划相关指标计算结果

二、房产贷款案例

(一)案例内容

小刘购买了一套总价 80 万元的公寓,首付 30 万元,贷款 50 万元。其中,公积金贷款 20 万元,期限 10 年,年利率 4%;商业贷款 30 万元,期限 15 年,年利率 6.5%。采用等额本息还款方式。

(1) 公积金贷款、商业贷款每月还款额各为多少?
(2) 每月利息、本金各为多少?
(3) 每月还款总额为多少?

(二)计算方法

分析案例后,建立基础资料区域模型和还款计算区域模型,如图 2-45 所示。具体操作步骤如下:

	A	B	C	D	E	F	G	H	I	J	K
1						基础资料区域					
2	房价	800000	贷款	公积金贷款	200000	利率	公积金利率	4%	贷款年限	公积金年限	10
3	首付	300000		商业贷款	300000		商业利率	6.5%		商业年限	15
4											
5						还款计算区域					
6	月份		公积金贷款偿还			商业贷款偿还		还款总额	利息总额	本金总额	
7		还款额	利息	本金	还款额	利息	本金				
8	1										
9	2										
10	3										
11	4										
12	5										
13	6										
14	7										
15	8										
16	9										
17	10										
18	11										
19	12										

图 2-45 建立基础资料区域模型和还款计算区域模型

第一步：在单元格 B8 中输入公式"=PMT（$H$2/12，$K$2*12，-$E$2）"，并将公式复制到单元格 B9 到 B127 区域，计算公积金贷款的月还款额。

第二步：在单元格 C8 中输入公式"=IPMT（$H$2/12，A8，$K$2*12，-$E$2）"，并将公式复制到单元格 C9 到 C127 区域，计算公积金贷款的月利息。

第三步：在单元格 D8 中输入公式"=PPMT（$H$2/12，A8，$K$2*12，-$E$2）"，并将公式复制到单元格 D9 到 D127 区域，计算公积金贷款的月还款本金。

第四步：在单元格 E8 中输入公式"=PMT（$H$3/12，$K$3*12，-$E$3）"，并将公式复制到单元格 E9 到 E187 区域，计算商业贷款的月还款额。

第五步：在单元格 F8 中输入公式"=IPMT（$H$3/12，A8，$K$3*12，-$E$3）"，并将公式复制到单元格 F9 到 F187 区域，计算商业贷款的月利息。

第六步：在单元格 G8 中输入公式"=PPMT（$H$3/12，A8，$K$3*12，-$E$3）"，并将公式复制到单元格 G9 到 G187 区域，计算商业贷款的月还款本金。

第七步：分别选中单元格 H8、I8、J8，输入相对应的公式"=SUM（B8，E8）""=SUM（C8，F8）""=SUM（D8，G8）"，计算每月的还款总额、利息总额和本金总额。

第八步：选中单元格 H8 到 J8 区域，向下填充复制公式。

第九步：单击单元格 B188，输入公式"=SUM（B8:B187）"，计算公积金贷款还款额合计数，将公式向右填充复制到单元格 J188，分别计算对应项目的合计数，计算结果如图 2-46 所示。

	A	B	C	D	E	F	G	H	I	J	K
1					基础资料区域						
2	房价	800000	贷款	公积金贷款	200000	利率	公积金利率	4%	贷款年限	公积金年限	10
3	首付	300000		商业贷款	300000		商业利率	6.5%		商业年限	15
4											
5					还款计算区域						
6	月份	公积金贷款偿还			商业贷款偿还			还款总额	利息总额	本金总额	
7		还款额	利息	本金	还款额	利息	本金				
8	1	2024.90	666.67	1358.24	2613.32	1625.00	988.32	4638.22	2291.67	2346.56	
9	2	2024.90	662.11	1362.76	2613.32	1619.65	993.68	4638.22	2281.79	2356.44	
10	3	2024.90	657.60	1367.31	2613.32	1614.26	999.06	4638.22	2271.86	2366.36	
11	4	2024.90	653.04	1371.86	2613.32	1608.85	1004.47	4638.22	2261.89	2376.33	
185	178				2613.32	42.01	2571.31	2613.32	42.01	2571.31	
186	179				2613.32	28.08	2585.24	2613.32	28.08	2585.24	
187	180				2613.32	14.08	2599.24	2613.32	14.08	2599.24	
188	合计	242988.33	42988.33	200000.00	470397.98	170397.98	300000.00	713386.31	213386.31	500000.00	

图 2-46　还款计算结果

思考与练习

一、写出相关概念的含义

1. 货币时间价值
2. 本金
3. 单利和复利
4. 现值和终值
5. 年金

二、掌握相关函数的功能及使用方法

1. PMT 函数
2. PV 函数
3. FV 函数
4. RATE 函数
5. NPER 函数
6. PPMT 函数
7. IPMT 函数
8. CUMPRINC 函数
9. CUMIPMT 函数

三、掌握系数的计算方法

1. 复利现值系数
2. 复利终值系数
3. 年金现值系数
4. 年金终值系数

四、货币时间价值的综合应用

1. 金盛公司购买一台设备，有两个付款方案。甲方案是在 6 年中每年年初付款 30 万元，乙方案是在 6 年中每年年末付款 35 万元。若年利率为 8%，请问哪个方案更佳？

提示：比较两个方案的终值。

2. 金盛公司以 8% 的年利率借入 80 万元，投资于回收期为 8 年的项目。请问每年至少收回多少现金，才能使该投资项目成为获利项目？

提示：计算年金。

3. 小王准备 3 年后买房，首付至少要 10 万元，假设年利率为 5%。请问他每月月底存多少钱才够支付首付？

提示：计算年金。

4. 有一个理财项目，每月月初存 2 000 元，5 年以后可得 15 万元。假定市场利率为 10%，请问该项目是否值得投资？

提示：计算年利率，并与市场利率比较。

5. 金盛公司准备以分期付款方式购买一台设备，价格为 50 万元，每年年末支付 10 万元。假设买卖双方商定的年利率为 7%，请问需要多少年能还清？

提示：计算期数。

6. 假定金盛公司对原有生产线进行更新改造，预计现在一次支付 45 万元，可使每年收入净增加 15 万元，这套更新设备至少使用 6 年。假设银行复利年利率分别为 6% 和 7%，请问在哪种利率下可以接受设备的更新改造？

提示：计算不同利率下每年收入净增加额的现值。

Excel 在财会中的应用

Excel 在筹资管理中的应用

学习目的

理解资金需求量预测、筹资成本分析、筹资决策的内容和方法，掌握在 Excel 中这些方法的具体应用，结合案例进一步拓展 Excel 在筹资管理中的应用范围，提高数据分析效率。

筹资管理是指企业根据生产经营、对外投资和调整资本结构的需要，通过筹资渠道和资本市场，运用筹资方式，经济有效地筹集企业所需资金的财务行为。筹资活动是企业资金运动的起点，筹资管理要解决企业为什么要筹资、需要筹集多少资金、从什么渠道以什么方式筹集，以及如何协调财务风险与资金成本、合理安排资本结构等问题。

筹资内容主要包括股权资金筹措和债务资金筹措。

筹资原则主要包括筹措合法、规模适当、取得及时、来源经济、结构合理。

任务一 资金需求量预测

企业在筹资之前，应当采用一定的方法预测资金需求量，这是确保企业合理筹集资金的一个必要的基础性环节。资金需求量的预测方法有定性预测法和定量预测法。本项目主要介绍定量预测法中的销售百分比法和线性回归法。

一、销售百分比法

（一）销售百分比法的含义

销售百分比法是根据资产的各个项目与销售收入之间的依存关系，并结合销售收入的增长情况来预测计划期企业需要从外部追加筹措资金的数额的方法。

（二）预测资金需求量的操作步骤

（1）收集整理企业基期资产负债表及销售情况等有关资料，并估计企业未来的销售变动情况。

（2）将企业基期资产负债表中预计随销售收入变动而同比例变动的相关项目分离出来。

（3）分别计算相关项目占基期销售收入的百分比，即相关资产占基期销售收入的百分比、相关负债占基期销售收入的百分比。

（4）确定企业未来时期每增加1元销售收入需要追加资金的百分比。

未来时期资金需求量的百分比=相关资产占基期销售收入的百分比-相关负债占基期销售收入的百分比

（5）确定企业未来时期的筹资总额。

未来时期的筹资总额=销售增加额×未来时期资金需求量的百分比

（6）确定企业未来时期的外部筹资额。

未来时期的外部筹资额=未来时期的筹资总额-企业内部资金来源数额

具体来说，企业的销售规模扩大时，要相应增加流动资产，如果销售规模扩大很多，还必须增加长期资产。为了取得扩大销售规模所需增加的资产，企业需要筹措资金。这些资金一部分来自留存收益，另一部分通过外部筹资取得。因此，企业需要预先知道自己的筹资需求，提前安排筹资计划，否则就可能出现资金短缺问题。

（三）案例分析

金腾集团2022年的销售额为210 000元，还有剩余生产能力，销售净利率为10%，股利支付率为40%。预计2023年的销售额为250 000元，销售净利率和股利支付率不变。金腾集团2022年12月31日的简要资产负债表如表3-1所示。

销售百分比法计算题例（上）

销售百分比法计算题例（下）

表3-1　金腾集团简要资产负债表（2022年12月31日）　　　　　单位：元

资产		负债和所有者权益	
货币资金	20 000	应付票据	20 000
应收账款	40 000	应付账款	40 000
存货	70 000	长期借款	70 000
固定资产（净值）	80 000	实收资本	70 000
无形资产	11 000	留存收益	21 000
总计	221 000	总计	221 000

要求：利用Excel软件预测金腾集团2023年的外部筹资需求量。

思路：该问题为根据企业的历史资料，利用销售百分比法确定筹资规模的问题，可以通过在 Excel 工作表中输入销售百分比法的相关公式来解决。

操作步骤如下：

第一步：在"筹资管理"工作簿中创建名称为"销售百分比法"的 Excel 工作表。

第二步：在 Excel 工作表中输入题目的基本信息，如图 3-1 所示。

	A	B	C	D
1	销售百分比法			
2		2022年12月31日		单位：元
3	资产		负债和所有者权益	
4	货币资金	20000	应付票据	20000
5	应收账款	40000	应付账款	40000
6	存货	70000	长期借款	70000
7	固定资产(净值)	80000	实收资本	70000
8	无形资产	11000	留存收益	21000
9	总计	221000	总计	221000
10				
11	资产		负债和所有者权益	
12	货币资金		应付票据	
13	应收账款		应付账款	
14	存货		长期借款	不变动
15	固定资产(净值)	不变动	实收资本	不变动
16	无形资产	不变动	留存收益	不变动
17	总计		总计	
18				
19	基期销售额	210000		
20	预测期销售额	250000		
21	销售增加额			
22	销售净利率	10%		
23	利润留存比例	40%		
24	预测期筹资总额			
25	内部资金来源数额			
26	预测期外部筹资额			

图 3-1　销售百分比法计算题例

第三步：将销售百分比法需要的参数及公式输入 Excel 工作表中求值，如图 3-2 所示。

	A	B	C	D
1	销售百分比法			
2		2022年12月31日		单位：元
3	资产		负债和所有者权益	
4	货币资金	20000	应付票据	20000
5	应收账款	40000	应付账款	40000
6	存货	70000	长期借款	70000
7	固定资产(净值)	80000	实收资本	70000
8	无形资产	11000	留存收益	21000
9	总计	221000	总计	221000
10				
11	资产		负债和所有者权益	
12	货币资金	10%	应付票据	10%
13	应收账款	19%	应付账款	19%
14	存货	33%	长期借款	不变动
15	固定资产(净值)	不变动	实收资本	不变动
16	无形资产	不变动	留存收益	不变动
17	总计	62%	总计	29%
18				
19	基期销售额	210000		
20	预测期销售额	250000		
21	销售增加额	40000		
22	销售净利率	10%		
23	利润留存比例	40%		
24	预测期筹资总额	13333		
25	内部资金来源数额	8400		
26	预测期外部筹资额	4933		

图 3-2　销售百分比法计算结果

(1) 在单元格 B12 中输入公式"=B4/$B$19",然后将单元格 B12 中的公式分别复制到单元格 B13 到 B14 和 D12 到 D13,求得相关项目占基期销售额的百分比。

(2) 在单元格 B17 中输入公式"=SUM(B12:B14)",在单元格 D17 中输入公式"=SUM(D12:D13)",求得相关项目占基期销售额的百分比的合计数。

(3) 在单元格 B21 中输入公式"=B20-B19",求得销售增加额。

(4) 在单元格 B24 中输入公式"=B21*(B17-D17)",求得预测期筹资总额。

(5) 在单元格 B25 中输入公式"=B19*B22*B23",求得内部资金来源数额。

(6) 在单元格 B26 中输入公式"=B24-B25",求得预测期外部筹资额。

由上述操作可知,金腾集团 2023 年的外部筹资需求量为 4 933 元。

二、线性回归法

(一) 回归分析法的含义

回归分析法是一种处理多个变量之间相互关系的数学方法,是数理统计常用方法之一。从分析测试的观点来看,回归分析的任务就是找出响应值(因变量)与影响它的诸因素(自变量)之间的统计关系(回归模型),利用这种统计关系在一定的置信度下根据各因素的给定值去估计和预测响应值的范围,并且在众多的因素中,判断哪些因素对响应值的影响是显著的,哪些因素对响应值的影响是不显著的。常用的回归模型包括线性回归模型和非线性回归模型。

在财务管理中,线性回归法是资金习性预测法中的一种。资金习性是指资金的变动同产销量(或销售额)变动之间的依存关系。资金按照习性可分为不变资金和变动资金。

不变资金是指在一定产销量范围内,不受产销量变动影响的资金。它包括为维持经营而占用的最低数额的现金、存货的保险储备,以及厂房、机器设备等固定资产占用的资金。

变动资金是指随产销量变动而同比例变动的资金。它一般包括直接构成产品实体的原材料等占用的资金。另外,超过保险储备的现金、存货、应收账款等也具有变动资金的性质。

半变动资金是指虽随产销量变动而变动,但不成同比例变动的资金,如一些辅助材料占用的资金。半变动资金可采用一定的方法划分为不变资金和变动资金两部分。

资金习性预测中的线性回归法就是根据过去一定时期的销售量和资金总额,运用反映资金量和销售量之间关系的线性回归方程来确定资金总额中的变动资金和不变资金的一种定量分析方法。

(二) 相关函数应用

1. SLOPE 函数

功能:计算经过给定数据点的线性回归拟合线方程的斜率。

语法：SLOPE（known_y's，known_x's）。

参数说明：

known_y's：必需，表示因变量数组或数值区域。

known_x's：必需，表示自变量数组或数值区域。

> 提示：参数可以是数字，或者是包含数字的名称、数组或引用。

如果数组或引用参数包含文本、逻辑值或空白单元格，则这些值将被忽略，但包含零值的单元格将被计算在内。

如果 known_y's 和 known_x's 为空或包含不同个数的数据点，SLOPE 函数将返回错误值"#N/A"。

2. INTERCEPT 函数

功能：利用已知的 x 值与 y 值计算直线与 Y 轴的交叉点。交叉点是以通过已知的 x 值与 y 值绘制的最佳拟合回归线为基础的。当自变量为 0 时，可使用 INTERCEPT 函数确定因变量的值。

语法：INTERCEPT（known_y's，known_x's）。

参数说明：

known_y's：必需，表示因变量的观测值或数据的集合。

known_x's：必需，表示自变量的观测值或数据的集合。

> 提示：参数可以是数字，或者是包含数字的名称、数组或引用。

如果数组或引用参数包含文本、逻辑值或空白单元格，则这些值将被忽略，但包含零值的单元格将被计算在内。

如果 known_y's 和 known_x's 为空或包含不同个数的数据点，INTERCEPT 函数将返回错误值"#N/A"。

INTERCEPT 函数在本项目中主要用于线性回归法。

3. FORECAST 函数

功能：根据现有值计算或预测未来值。预测值为给定 x 值后求得的 y 值。已知值为现有的 x 值和 y 值，并通过线性回归来预测新值。可以使用 FORECAST 函数来预测未来销售、库存需求或消费趋势等。

语法：FORECAST（x，known_y's，known_x's）。

参数说明：

x：必需，表示要进行值预测的数据点。

known_y's：必需，表示相关数组或数据区域。

known_x's：必需，表示独立数组或数据区域。

提示：如果 x 为非数值型，FORECAST 函数将返回错误值"#VALUE！"。

如果 known_y's 和 known_x's 为空或包含不同个数的数据点，FORECAST 函数将返回错误值"#N/A"。

如果 known_x's 的方差为 0，FORECAST 函数将返回错误值"#DIV/0！"。

（三）操作步骤

（1）收集整理企业各期的销售资料和资金占用量资料。

（2）根据历史资料，使用高低点法或线性回归法分解企业的资金占用量，求出不变资金、单位变动资金。

（3）利用"总资金＝不变资金＋单位变动资金×产销量"模型，预测未来产销量下的资金需求量。

（四）案例分析

金腾集团 2020—2023 年的产销量和资金占用量情况如表 3-2 所示，预计 2024 年的产销量为 150 万件，请利用 Excel 软件计算 2024 年的资金需求量。

线性回归法计算题例

表 3-2　2020—2023 年金腾集团产销量和资金占用量表

年度	产销量（x）/万件	资金占用量（y）/万元
2020	120	100
2021	100	90
2022	130	105
2023	140	110

思路：该问题为根据企业的历史资料，利用线性回归法确定资金需求量的问题，可以使用 SLOPE 函数和 INTERCEPT 函数求解。

操作步骤如下：

第一步：在"筹资管理"工作簿中创建名称为"线性回归法"的 Excel 工作表。

第二步：在 Excel 工作表中输入题目的基本信息，如图 3-3 所示。

	A	B	C
1	年度	产销量(x)/万件	资金占用量(y)/万元
2	2020	120	100
3	2021	100	90
4	2022	130	105
5	2023	140	110
6			
7	b		
8	a		
9	2024年的预测值		

图 3-3　线性回归法计算题例

第三步：将线性回归法需要的参数及公式输入 Excel 工作表中，求出常量 a、b 的值，如图 3-4 所示。

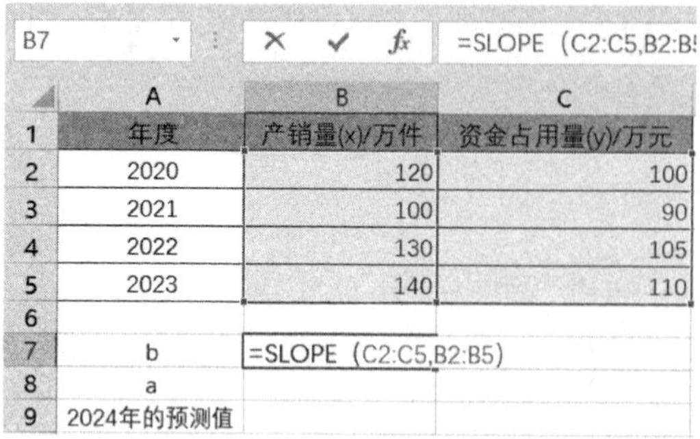

图 3-4 线性回归法计算公式输入

第四步：求出 2024 年资金需求量的预测值，如图 3-5 所示。

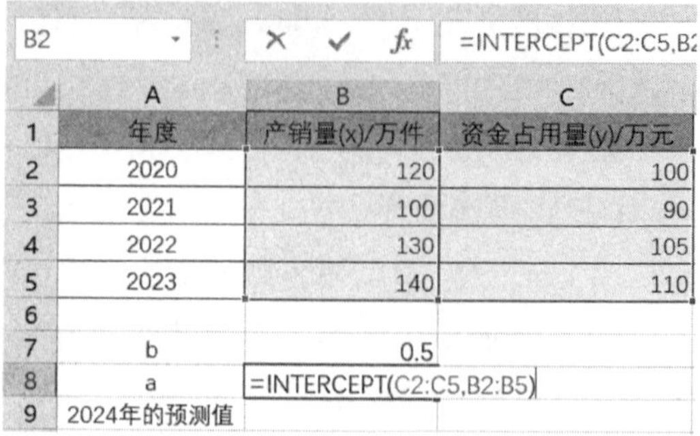

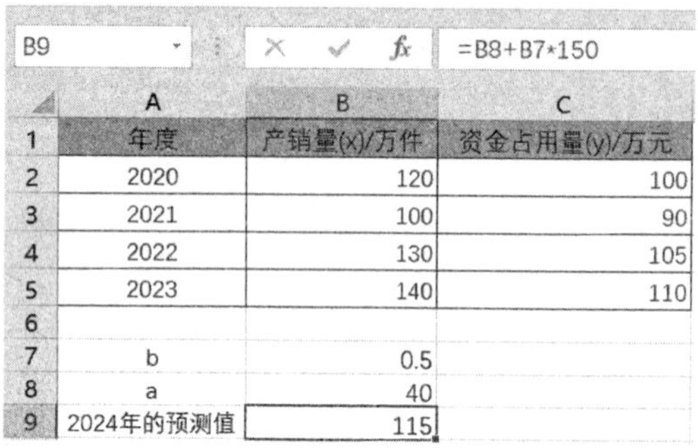

图 3-5 线性回归法计算结果

由上述操作可知，金腾集团 2024 年在预计产销量为 150 万件的情况下，需要资金 115 万元。

任务二　筹资成本分析

企业的资金成本主要由债务资金成本和权益资金成本组成。资金成本是企业为筹集和使用资金而支付的各项费用，包括筹资费用和使用费用。

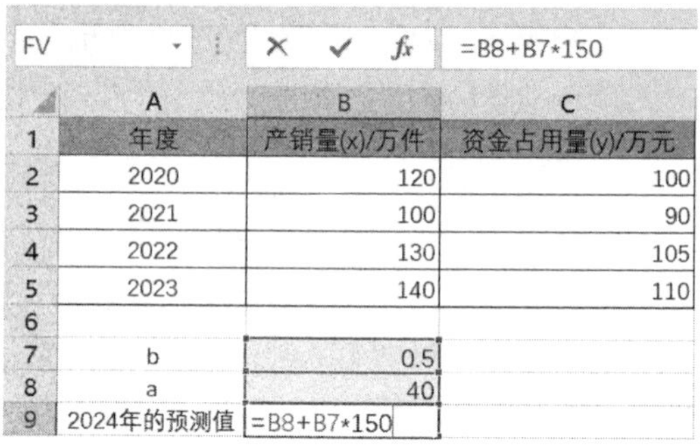

筹资费用是指企业在资金筹措过程中为取得资金而支付的各种费用，包括银行借款的手续费，发行股票、债券支付的广告宣传费、印刷费、代理发行费等；使用费用是指企业因使用资金而向其提供者支付的报酬，如股利、利息等。

一、个别资金成本分析

个别资金成本是指各种筹资方式的成本，主要包括银行借款成本、债券成本、优先股成本、普通股成本和留存收益成本，前两者统称债务资金成本，后三者统称权益资金成本。

资金成本可以用绝对数表示，也可以用相对数表示。在财务管理中，一般用相对数，即资金成本率来反映资金成本。资金成本率是用资费用与实际筹资净额（筹资额扣除筹资费用后的金额）的比率。资金成本率一般简称资金成本，其通用公式为

资金成本=每年的用资费用÷（筹资额−筹资费用）

（一）长期借款资金成本

1. 长期借款资金成本的含义

长期借款的占用成本一般是借款利息，筹资费用是手续费。借款利息通常允许在企业所得税前列支，可以起到抵税的作用。因此，企业实际负担的利息=利息×(1−所得税税率)。

2. 长期借款资金成本的计算公式

在不考虑货币时间价值的情况下，一次还本、分期付息的长期借款资金成本的计算公式如下：

长期借款资金成本=长期借款年利率×(1−所得税税率)÷(1−长期借款筹资费率)

当银行借款筹资费率很小，可以忽略不计时，上述公式可简化为

长期借款资金成本=长期借款年利率×(1−所得税税率)

3. 案例分析

金腾集团向银行借入一笔期限为 5 年、金额为 400 万元的借款，年利率为 10%，每年付息一次，到期还本，筹资费率为 0.5%，所得税税率为 25%。试计算该长期借款的资金成本。

长期借款资金成本计算题例

思路：该问题为长期借款资金成本的计算问题，可以通过长期借款资金成本计算公式求解。

操作步骤如下：

第一步：在"筹资管理"工作簿中创建名称为"长期借款资金成本"的 Excel 工作表。

第二步：在 Excel 工作表中输入题目的基本信息，如图 3-6 所示。

第三步：在单元格 B7 中输入长期借款资金成本计算公式"=B4*(1−B6)/(1−B5)"进行求值，如图 3-7 所示。

	A	B
1	长期借款资金成本	
2	借款金额/万元	400
3	借款期限	5
4	年利率	10%
5	筹资费率	0.5%
6	所得税税率	25%
7	长期借款资金成本	

图 3-6　长期借款资金成本计算题例

图 3-7 长期借款资金成本计算结果

由上述操作可知，金腾集团按年利率 10% 向银行借款 400 万元的资金成本为 7.54%。

（二）长期债券资金成本

1. 长期债券资金成本的含义

长期债券资金成本主要是债券利息和筹资费用。债券利息通常允许在企业所得税前列支，其处理与长期借款利息相同，但债券的筹资费用一般较高，应予以考虑。债券的筹资费用即发行费，主要包括申请发行债券的手续费，以及债券的注册费、印刷费、上市费和推销费用等。

债券的发行价格有平价、溢价、折价三种。债券利息按面值和票面利率确定，但债券的筹资额应按具体发行价格计算，以便正确计算债券的资金成本。

2. 长期债券资金成本的计算公式

在不考虑货币时间价值的情况下，长期债券资金成本的计算公式为

长期债券资金成本＝债券总面值×票面利率×（1－所得税税率）÷［债券发行总额×（1－筹资费率）］×100%

3. 案例分析

金腾集团按面值发行 800 万元的票面利率为 10%、期限为 6 年、每年年末付息、到期一次还本的债券，筹资费率为 5%，所得税税率为 25%。试计算该长期债券的资金成本。

思路：该问题为长期债券资金成本的计算问题，可以通过长期债券资金成本计算公式求解。

长期债券资金成本计算题例

操作步骤如下：

第一步：在"筹资管理"工作簿中创建名称为"按面值发行债券资金成本"的 Excel 工作表。

第二步：在 Excel 工作表中输入题目的基本信息，如图 3-8 所示。

第三步：将按面值发行时，长期债券资金成本计算需要的参数及公式输入 Excel 工

作表中求值。在单元格 B7 中输入公式“=B2 * B4 * (1−B6)/(B2 * (1−B5)) * 100%”，如图 3-9 所示。

	A	B
1	长期债券资金成本	
2	筹资总额/万元	800
3	筹资期限	6
4	票面利率	10%
5	筹资费率	5%
6	所得税税率	25%
7	长期债券资金成本	

图 3-8　长期债券资金成本计算题例

B7　=B2*B4*(1-B6)/(B2*(1-B5))*100%

	A	B	C	D	E
1	长期债券资金成本				
2	筹资总额/万元	800			
3	筹资期限	6			
4	票面利率	10%			
5	筹资费率	5%			
6	所得税税率	25%			
7	长期债券资金成本	7.89%			

图 3-9　长期债券资金成本计算结果

由上述操作可知，金腾集团按面值发行 800 万元长期债券的资金成本为 7.89%。

（三）普通股资金成本

1. 普通股资金成本的含义

普通股资金成本即投资必要收益率，是使普通股未来股利收益折成现值的总和等于普通股现行价格的折现率。

2. 股利折现模型

固定股利即每年股利不变，可视为永续年金。其资金成本的计算公式为

固定股利资金成本=年固定股利÷[普通股股本总额×(1−筹资费率)]×100%

股利固定增长即每年股利不断增加。其资金成本的计算公式为

股利固定增长资金成本=第一年股利÷[普通股股本总额×(1−筹资费率)]+股利固定年增长率

3. 资本资产定价模型

如果公司采取固定股利政策，则普通股资金成本的计算与优先股资金成本的计算相似。

如果公司采取固定增长股利政策，则普通股资金成本的计算公式如下：

资本资产定价模型资金成本=无风险报酬率+股票贝塔系数×（市场组合预期报酬率−无风险报酬率）

4. 案例分析

金腾集团发行普通股 1 000 万元，筹资费率为 4%，第一年的股利率为 12%，以后每年的增长率为 5%，其他资料如图 3-10 所示。

思路：利用 Excel 表格分别对普通股资金成本的三种情况进行计算。

操作步骤如下：

第一步：建立“普通股资金成本计算模型”Excel 工作表，输入已知数据。

第二步：计算固定股利资金成本。在单元格 C6 中输入公式“=C5/(C2 * (1−C4))×100%”，得出资金成本为 12.5%。

第三步：计算股利固定增长资金成本。在单元格 C9 中输入公式"＝C7/（C2＊(1－C4))+C8"，得出资金成本为 17.5%。

第四步：计算资本资产定价模型资金成本。在单元格 C13 中输入公式"＝C10+C12＊(C11－C10)"，得出资金成本为 13%。

第五步：动态数据设置。参照前文数据序列设置的操作步骤，也可以进行普通股股本总额、年股利率、筹资费率等项目的动态数据设置，如图 3-10 所示。

	A	B	C	D
1		普通股资金成本计算模型		
2		普通股股本总额/万元	1000	
3	固定股利模型	年股利率	12%	
4		筹资费率	4%	
5		年固定股利/万元	120	
6		固定股利资金成本	12.50%	
7		第一年股利/万元	120	
8	股利固定增长模型	股利固定年增长率	5%	
9		股利固定增长资金成本	17.50%	
10		无风险报酬率	5%	
11	资本资产定价模型	市场组合预期报酬率	10%	
12		股票贝塔系数	1.6	
13		资本资产定价模型资金成本	13.00%	

图 3-10　普通股资金成本计算结果

（四）优先股资金成本

1. 优先股资金成本的含义

优先股是相对于普通股而言的，在利润分配和剩余财产分配的权利方面，优先股优先于普通股。首先，在公司资产破产清算的受偿顺序方面，优先股排在债权之后，比普通股优先；其次，优先股在股利分配顺序方面较普通股优先，而且通常按事先约定的股息率发放；最后，优先股股东通常在股东大会上无表决权。优先股股东没有选举及被选举权，一般来说对公司的经营没有参与权。优先股是股东不能退股，只能通过优先股的赎回条款被公司赎回，但是能稳定分红的股份。

2. 优先股资金成本的计算公式

优先股资金成本的计算公式为

优先股资金成本=优先股面值×年股息率÷[发行价格×(1－筹资费率)]×100%

3. 案例分析

金腾集团以面值 1 元、发行价格 5 元发行优先股 100 万股，筹资费率为 5%，年股息率为 9%，其他资料如图 3-11 所示。

思路：利用 Excel 表格进行优先股资金成本的计算。

操作步骤如下：

第一步：建立"优先股资金成本计算模型"Excel 工作表，输入已知数据。

	A	B	C	D
1		优先股资金成本计算模型		
2		发行总额/万元	500	
3		面值/元	1	
4	已知数据	发行价格/元	5	
5		发行股数/万股	100	
6		年股息率	9%	
7		筹资费率	5%	
8	计算	优先股资金成本	1.89%	

图 3-11　优先股资金成本计算结果

第二步：计算优先股资金成本。在单元格 C8 中输入公式"＝C3＊C6/（C4＊(1－

C7))*100%",得出资金成本为 1.89%。

第三步:动态数据设置。参照前文数据序列设置的操作步骤,也可以进行面值、发行价格、发行股数等项目的动态数据设置,如图 3-11 所示。

(五)留存收益资金成本

1. 留存收益资金成本的含义

留存收益是企业利润总额缴纳所得税后形成的,其所有权属于股东。股东将这一部分未分配的税后利润留存于企业,实质是追加投资。如果企业将留存收益用于再投资所获得的收益低于股东自己进行另一项风险相似的投资的收益,企业就不应该保留留存收益而应将其分配给股东。

留存收益资金成本的估算难于债务资金成本,这是因为很难对诸如企业未来发展前景及股东对未来风险所要求的风险溢价做出准确的测定。一般认为,某企业普通股的风险溢价相对于其发行的债券来讲在 3%~5%,当市场利率达到历史性高点时,风险溢价通常较低,在 3%左右;当市场利率处于历史性低点时,风险溢价通常较高,在 5%左右;而通常情况下,采用 4%的平均风险溢价。

2. 留存收益资金成本的计算公式

$$留存收益资金成本 = 固定股利 \div 留存收益 \times 100\%$$

二、综合资金成本分析

(一)综合资金成本的含义

综合资金成本又称加权平均资金成本,是以各种不同筹资方式的资金成本为基础,以各种资金占资金总额的比重为权数计算的加权平均数。

综合资金成本是由个别资金成本和各种资金占资金总额的比重这两个因素决定的。各种资金占资金总额的比重按账面价值确定,也就是可以直接从资产负债表中获取数据,容易计算;其缺陷是资金的账面价值可能不符合市场价值,如果资金的市场价值已经严重脱离账面价值,以账面价值为基础的计算就有失现实客观性,从而不利于综合资金成本的测算和筹资管理的决策。

(二)相关函数应用

SUMPRODUCT 函数

功能:在给定的几个数组中,将数组间对应的元素相乘,并返回乘积之和。

语法:SUMPRODUCT(array1,[array2],[array3],…)。

参数说明:

array1:必需,表示第 1 个数组参数,其相应元素需要进行相乘并求和。

array2,array3,…:可选,表示第 2—255 个数组参数,其相应元素需要进行相乘并求和。

> 提示：数组参数必须具有相同的维数，否则SUMPRODUCT函数将提示出错信息。

SUMPRODUCT函数将非数值型的数组元素作为0处理。

（三）案例分析

金腾集团各资金项目的资料如图3-12所示。

思路：利用Excel表格进行综合资金成本的计算。

操作步骤如下：

第一步：根据资料建立"综合资金成本计算模型"Excel工作表。

第二步：计算资金价值总和。在单元格B8中输入公式"=SUM（B3:B7）"。

第三步：计算权重系数。选中单元格C3到C7区域，输入公式"=B3:B7/B8"，按【Ctrl】+【Shift】+【Enter】组合键，结束公式输入。

第四步：计算权重系数总和。在单元格C8中输入公式"=SUM（C3:C7）"。

第五步：计算综合资金成本。在单元格D8中输入公式"=SUMPRODUCT(C3:C7, D3:D7)"，得出综合资金成本为8.32%。计算结果如图3-13所示。

	A	B	C	D
1	综合资金成本计算模型			
2	筹资方式	资金价值/万元	权重系数	资金成本
3	长期借款	200		5.25%
4	公司债券	600		7.89%
5	优先股	500		1.89%
6	普通股	1000		12.50%
7	留存收益	800		8.19%
8	综合资金成本			

图3-12 综合资金成本计算题例

	A	B	C	D
1	综合资金成本计算模型			
2	筹资方式	资金价值/万元	权重系数	资金成本
3	长期借款	200	6.45%	5.25%
4	公司债券	600	19.35%	7.89%
5	优先股	500	16.13%	1.89%
6	普通股	1000	32.26%	12.50%
7	留存收益	800	25.81%	8.19%
8	综合资金成本	3100	100.00%	8.32%

图3-13 综合资金成本计算结果

三、边际资金成本分析

（一）边际资金成本的含义

边际资金成本是指企业每增加一个单位的资金而增加的成本。通常，资金成本率在一定筹资范围内不会改变，而在保持某资金成本率的条件下可以筹集到的最大资金总额称为保持现有资本结构下的筹资突破点，一旦筹资额超过突破点，即使维持现有的资本结构，资金成本率也会上升。

（二）确定边际资金成本的操作步骤

（1）确定追加筹资的目标资本结构。

（2）测算个别资金项目在不同筹资额度内的资金成本。

（3）计算筹资总额的成本分界点。

(三) 案例分析

1. 追加筹资时资金成本不变

【案例 3-1】 金腾集团计划筹资 2 000 万元，在资本结构保持不变的情况下，计算边际资金成本。

操作步骤如下：

第一步：建立"资本结构不变时追加筹资额边际资金成本计算模型"Excel 工作表，如图 3-14 所示。

	A	B	C	D	E
1	资本结构不变时追加筹资额边际资金成本计算模型				
2	筹资方式	个别资金成本	资本结构保持不变	追加筹资额/万元	边际资金成本
3	长期借款	5.25%	6.45%		
4	公司债券	7.89%	19.35%		
5	优先股	1.89%	16.13%		
6	普通股	12.50%	32.26%		
7	留存收益	8.19%	25.81%		
8	合计	8.32%	100.00%	2000.00	

图 3-14　资本结构不变时追加筹资额边际资金成本计算题例

第二步：计算单项追加筹资额。在单元格 D3 中输入公式"=$D$8*C3"，并向下填充复制公式到单元格 D7，得出单项筹资额。

第三步：计算单项边际资金成本。选中单元格 E3 到 E7 区域，输入公式"=B3:B7*C3:C7"，按【Ctrl】+【Shift】+【Enter】组合键，得出单项边际资金成本。

第四步：计算总边际资金成本。可以在单元格 E8 中输入公式"=SUM（E3:E7）"得出结果，也可以在单元格 E8 中输入公式"=SUMPRODUCT(B3:B7,C3:C7)"得出结果，如图 3-15 所示。

	A	B	C	D	E
1	资本结构不变时追加筹资额边际资金成本计算模型				
2	筹资方式	个别资金成本	资本结构保持不变	追加筹资额/万元	边际资金成本
3	长期借款	5.25%	6.45%	129.03	0.34%
4	公司债券	7.89%	19.35%	387.10	1.53%
5	优先股	1.89%	16.13%	322.58	0.30%
6	普通股	12.50%	32.26%	645.16	4.03%
7	留存收益	8.19%	25.81%	516.13	2.11%
8	合计	8.32%	100.00%	2000.00	8.32%

图 3-15　资本结构不变时追加筹资额边际资金成本计算结果

从【案例 3-1】分析可以看出，追加筹资时资本结构不变，单项边际资金成本改变,但总边际资金成本不变。

【案例 3-2】 按照【案例 3-1】资料,在资本结构发生变化的情况下,计算边际资金成本。

操作步骤如下:

第一步:建立"资本结构改变时追加筹资额边际资金成本计算模型"Excel 工作表,如图 3-16 所示。

	A	B	C	D	E
9	资本结构改变时追加筹资额边际资金成本计算模型				
10	筹资方式	个别资金成本	资本结构发生变化	追加筹资额/万元	边际资金成本
11	长期借款	5.25%	12.00%		
12	公司债券	7.89%	22.00%		
13	优先股	1.89%	20.00%		
14	普通股	12.50%	28.00%		
15	留存收益	8.19%	18.00%		
16	合计	8.32%	100.00%	2000.00	

图 3-16 资本结构改变时追加筹资额边际资金成本计算题例

第二步:计算单项追加筹资额。在单元格 D11 中输入公式"=$D$16*C11",并向下填充复制公式到单元格 D15,得出单项筹资额。

第三步:计算单项边际资金成本。选中单元格 E11 到 E15 区域,输入公式"=B11:B15*C11:C15",按【Ctrl】+【Shift】+【Enter】组合键,得出单项边际资金成本。

第四步:计算总边际资金成本。可以在单元格 E16 中输入公式"=SUM(E11:E15)"得出结果,也可以在单元格 E16 中输入公式"=SUMPRODUCT(B11:B15,C11:C15)"得出结果,如图 3-17 所示。

	A	B	C	D	E
9	资本结构改变时追加筹资额边际资金成本计算模型				
10	筹资方式	个别资金成本	资本结构发生变化	追加筹资额/万元	边际资金成本
11	长期借款	5.25%	12.00%	240.00	0.63%
12	公司债券	7.89%	22.00%	440.00	1.74%
13	优先股	1.89%	20.00%	400.00	0.38%
14	普通股	12.50%	28.00%	560.00	3.50%
15	留存收益	8.19%	18.00%	360.00	1.47%
16	合计	8.32%	100.00%	2000.00	7.72%

图 3-17 资本结构改变时追加筹资额边际资金成本计算结果

从【案例 3-2】分析可以看出,追加筹资时资本结构改变,单项边际资金成本和总边际资金成本都改变,即追加筹资时边际资金成本随资本结构的变化而变化。

2. 追加筹资时资金成本改变

【案例 3-3】 假设金腾集团追加筹资时改变资金成本，目标资本结构和个别资金成本的有关资料如图 3-18 所示。试编制金腾集团的边际资金成本规划。

操作步骤如下：

第一步：建立"资金成本改变时追加筹资额分界点计算模型"Excel 工作表，如图 3-18 所示。

	A	B	C	D	E	F
1	资金成本改变时追加筹资额分界点计算模型					单位：万元
2	筹资方式	目标资本结构	新筹资额（下限）	新筹资额（上限）	资金成本	筹资总额分界点
3	长期借款	15%	0	45	3%	
4			45	90	5%	
5			90	以上	7%	
6	长期债券	25%	0	200	10%	
7			200	400	11%	
8			400	以上	12%	
9	普通股	60%	0	300	13%	
10			300	600	14%	
11			600	以上	15%	

图 3-18 资金成本改变时追加筹资额分界点计算题例

第二步：计算筹资总额分界点。在单元格 F3 中输入公式"=D3/$B$3"，并向下填充复制公式到单元格 F4，得出长期借款筹资总额分界点。用同样的方法得出长期债券和普通股筹资总额分界点，如图 3-19 所示。

	A	B	C	D	E	F
1	资金成本改变时追加筹资额分界点计算模型					单位：万元
2	筹资方式	目标资本结构	新筹资额（下限）	新筹资额（上限）	资金成本	筹资总额分界点
3	长期借款	15%	0	45	3%	300
4			45	90	5%	600
5			90	以上	7%	
6	长期债券	25%	0	200	10%	800
7			200	400	11%	1600
8			400	以上	12%	
9	普通股	60%	0	300	13%	500
10			300	600	14%	1000
11			600	以上	15%	

图 3-19 各种筹资方式筹资总额分界点计算结果

第三步：根据上一步计算出的筹资总额分界点，可以得到 7 组筹资总额范围：0～300 万元；300 万～500 万元；500 万～600 万元；600 万～800 万元；800 万～1 000 万元；1 000 万～1 600 万元；1 600 万元以上。根据这 7 组筹资总额范围，建立"资金成本改变时追加筹资额边际资金成本计算模型"Excel 工作表，如图 3-20 所示。

	A	B	C	D	E	F
13			资金成本改变时追加筹资额边际资金成本计算模型			单位：万元
14	筹资总额范围（下限）	筹资总额范围（上限）	筹资方式	目标资本结构	资金成本	边际资金成本
15	0	300	长期借款	15%	3%	10.75%
16			长期债券	25%	10%	
17			普通股	60%	13%	
18	300	500	长期借款	15%	5%	11.05%
19			长期债券	25%	10%	
20			普通股	60%	13%	
21	500	600	长期借款	15%	5%	11.65%
22			长期债券	25%	10%	
23			普通股	60%	14%	
24	600	800	长期借款	15%	7%	11.95%
25			长期债券	25%	10%	
26			普通股	60%	14%	
27	800	1000	长期借款	15%	7%	12.20%
28			长期债券	25%	11%	
29			普通股	60%	14%	
30	1000	1600	长期借款	15%	7%	12.80%
31			长期债券	25%	11%	
32			普通股	60%	15%	
33	1600	以上	长期借款	15%	7%	13.05%
34			长期债券	25%	12%	
35			普通股	60%	15%	

图 3-20　资金成本改变时追加筹资额边际资金成本计算结果

第四步：计算边际资金成本。在单元格 F15 中输入公式"=SUMPRODUCT（D15：D17，E15：E17）"，得出 0~300 万元组的边际资金成本。用同样的方法分别计算单元格 F18、F21、F24、F27、F30、F33 的值，得到筹资总额各区间对应的边际资金成本。计算结果如图 3-20 所示。

从【案例 3-3】分析可以看出，追加筹资时资金成本改变，边际资金成本会随着筹资总额分界点的变化而变化。

任务三　筹资决策方法应用

筹资决策是指为满足企业融资的需要，对筹资途径、筹资数量、筹资时间、筹资成本、筹资风险和筹资方案进行评价与选择，从而确定一个最优资本结构的分析判断过程。

在实际操作中，常采用比较资金成本法、每股利润分析法等方法选择最优资本结构。

一、比较资金成本法

（一）比较资金成本法的含义

比较资金成本法是指企业在筹资决策时，首先拟订多个备选方案，分别计算各个方案的加权平均资金成本，并相互比较来确定最佳资本结构，即通过计算不同资本结构的综合资金成本，并以此为标准相互比较，选择综合资金成本最低的资本结构作为最佳资本结构的方法。

运用比较资金成本法必须具备两个前提条件：一是能够通过债务筹资；二是具备偿还能力。企业资本结构决策分为初次利用债务筹资和追加筹资两种情况。前者称为初始资本结构决策，后者称为追加资本结构决策。比较资金成本法将资金成本的高低作为选择最佳资本结构的唯一标准。

（二）比较资金成本法的使用程序

（1）拟订几个筹资方案。

（2）确定各个方案的资本结构。

（3）计算各个方案的加权平均资金成本。

（4）通过比较，选择加权平均资金成本最低的资本结构作为最优资本结构。

（三）相关函数应用

1. MIN 函数

功能：返回一组数值中的最小值。

语法：MIN（number1，[number2]，…）。

参数说明：

number1：必需。

number2，…：可选。

> 提示：参数可以是数字或包含数字的名称、数组或引用。逻辑值和直接输入参数列表中代表数字的文本被计算在内。

如果参数是一个数组或引用，则只使用其中的数字。数组或引用中的空白单元格、逻辑值或文本将被忽略。

如果参数不包含任何数字，则 MIN 函数返回 0。

如果参数为错误值或不能转换为数字的文本，将会导致错误。

2. INDEX 函数

功能：返回表格或区域中的值或值的引用。

使用 INDEX 函数有两种方法：

（1）数组形式。

功能：返回表元素或数组元素的值，该元素是通过行号和列号索引选定的。当 INDEX 函数的第一个参数为数组常量时，使用数组形式。

语法：INDEX（array，row_num，[column_num]）。

参数说明：

array：必需，表示单元格区域或数组常量。如果数组只包含一行或一列，则对应的参数 row_num 或 column_num 为可选参数。如果数组有多行和多列，但只使用参数 row_num 或 column_num，INDEX 函数返回数组中的整行或整列，且返回值也为数组。

row_num：必需，选择数组中的某行，函数从该行返回数值。如果省略 row_num，则必须有 column_num 参数。

column_num：可选，选择数组中的某列，函数从该列返回数值。如果省略 column_num，则必须有 row_num 参数。

> 提示：如果同时使用参数 row_num 和 column_num，INDEX 函数将返回 row_num 和 column_num 交叉处单元格中的值。

如果将参数 row_num 或 column_num 设置为 0，INDEX 函数将返回整列或整行的数组数值。若要使用以数组形式返回的值，请将 INDEX 函数以数组公式形式输入，对于行以水平单元格区域的形式输入，对于列以垂直单元格区域的形式输入。若要输入数组公式，请按【Ctrl】+【Shift】+【Enter】组合键。

（2）引用形式。

功能：返回指定的行与列交叉处的单元格引用。如果引用由不连续的选定区域组成，可以选择某一选定区域。

语法：INDEX（reference，row_num，[column_num]，[area_num]）。

参数说明：

reference：必需，表示对一个或多个单元格区域的引用。如果引用为一个不连续的区域，必须用括号将其括起来。如果引用中的每个区域只包含一行或一列，则相应的参数 row_num 或 column_num 为可选参数。例如，对于单行的引用，可以使用函数 INDEX（reference，，column_num）。

row_num：必需，表示引用中某行的行号，函数从该行返回一个引用。

column_num：可选，表示引用中某列的列标，函数从该列返回一个引用。

area_num：可选，表示引用中选择要从中返回 row_num 和 column_num 交叉处的区域。选择或输入的第一个区域编号为 1，第二个为 2，依此类推。如果省略 area_num，则 INDEX 函数使用区域 1。此处列出的区域必须全部位于同一张工作表。如果指定的区域位于不同的工作表，将导致"#VALUE!"错误。如果需要使用的范围位于不同的工作表，建议使用 INDEX 函数的数组形式，并使用其他函数来计算构成数组的范围。例如，可以使用 CHOOSE 函数计算将使用的范围。

> 提示：reference 和 area_num 选择了特定的区域后，row_num 和 column_num 将进一步选择特定的单元格：row_num1 为区域的首行，column_num1 为区域的首列，依此类推。INDEX 函数返回的引用即为 row_num 和 column_num 的交叉区域。

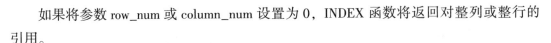

如果将参数 row_num 或 column_num 设置为 0，INDEX 函数将返回对整列或整行的引用。

row_num、column_num 和 area_num 必须指向 reference 中的单元格，否则 INDEX 函数返回错误值"#REF!"。如果省略 row_num 和 column_num，INDEX 函数将返回由 area_num 指定的引用区域。

INDEX 函数的结果为一个引用，且在其他公式中也被解释为引用。根据公式的需要，INDEX 函数的返回值可以作为引用或数值。

3. MATCH 函数

功能：在给定单元格区域中搜索特定的项，然后返回该项在此单元格区域中的相对位置。

语法：MATCH（lookup_value，lookup_array，[match_type]）。

参数说明：

lookup_value：必需，表示要在 lookup_array 中匹配的值。lookup_value 参数可以是数字、文本或逻辑值，也可以是对数字、文本或逻辑值的引用。

lookup_array：必需，表示要搜索的连续单元格区域。

match_type：可选，数字-1、0 或 1。match_type 参数指定了 Excel 将 lookup_value 与 lookup_array 中的值进行匹配的方式。此参数的默认值为 1。

match_type 为 1 或省略：MATCH 函数查找小于或等于 lookup_value 的最大值。lookup_array 参数中的值必须按升序排列，例如：…，-2，-1，0，1，2，…；A—Z；FALSE，TRUE；等等。

match_type 为 0：MATCH 函数查找等于 lookup_value 的第一个值。lookup_array 参数中的值可按任意顺序排列。

match_type 为-1：MATCH 函数查找大于或等于 lookup_value 的最小值。lookup_array 参数中的值必须按降序排列，例如：TRUE，FALSE；Z—A；…，2，1，0，-1，-2，…；等等。

> 提示：MATCH 函数返回匹配值在 lookup_array 中的位置，而非值本身。例如，MATCH（"b"，{"a"，"b"，"c"}）返回 2，即 b 在数组{"a"，"b"，"c"}中的相对位置。

匹配文本值时，MATCH 函数不区分大小写字母。

如果 MATCH 函数查找匹配项不成功，它会返回错误值"#N/A"。

如果 match_type 为 0 且 lookup_value 为文本字符串，可在 lookup_value 参数中使用通配符问号"?"和星号"*"。问号匹配任意单个字符，星号匹配任意一串字符。如果要查找实际的问号或星号，须在字符前输入波形符"~"。

例如，公式"=MATCH（28，{6，15，25，33，39}，1）"返回3，由于此处无精确匹配项，因此 MATCH 函数返回数组中最接近28的最大值25的位置。25在数组中的位置是3。

公式"=MATCH（"b"，{"a"，"b"，"c"}，0）"返回2，即 b 在数组中的相对位置。

公式"=MATCH（"b"，{"d"，"c"，"b"，"a"}，-1）"返回3，即 b 在数组中的相对位置。

（四）案例分析

金腾集团拟增资6 000万元，现有三个不同方案可供选择，有关资料如图3-21所示。试用比较资金成本法确定最优方案。

操作步骤如下：

第一步：建立"比较资金成本法计算模型"Excel 工作表，如图3-21所示。

第二步：计算权重系数。在单元格 D3 中输入公式"=C3/$C$8"，并向下填充复制公式到单元格 D7，得出方案 A 的权重系数，并在单元格 D8 中求出合计数。用同样的方法分别求出方案 B、方案 C 的相关数据。

第三步：计算资金成本。在单元格 E8 中输入公式"=SUMPRODUCT（D3:D7，E3:E7）"，求出方案 A 的资金成本。用同样的方法分别求出方案 B、方案 C 的资金成本，结果如图3-22所示。

	A	B	C	D	E
1	比较资金成本法计算模型				
2	筹资方案		筹资额/万元	权重系数	资金成本
3	方案A	长期借款	1507		5.50%
4		长期债券	50		7.00%
5		优先股	50		11.04%
6		普通股	50		12.02%
7		留存收益	4343		6.91%
8		合计	6000		
9	方案B	长期借款	50		6.50%
10		长期债券	2000		7.00%
11		优先股	0		10.95%
12		普通股	1800		9.57%
13		留存收益	2150		6.99%
14		合计	6000		
15	方案C	长期借款	2878		6.80%
16		长期债券	50		7.20%
17		优先股	1494		10.95%
18		普通股	777		11.92%
19		留存收益	801		7.79%
20		合计	6000		

图3-21 比较资金成本法计算题例

第四步：求最佳方案。在单元格 E21 中输入公式"=MIN（E8，E14，E20）"，求出最低的综合资金成本。在单元格 E22 中输入公式"=INDEX（A3:A20,（MATCH（E21，E8:E20，0）））"，得出最佳的筹资方案为方案 A，如图 3-22 所示。

	A	B	C	D	E
1	比较资金成本法计算模型				
2	筹资方案		筹资额/万元	权重系数	资金成本
3	方案A	长期借款	1507	25.12%	5.50%
4		长期债券	50	0.83%	7.00%
5		优先股	50	0.83%	11.04%
6		普通股	50	0.83%	12.02%
7		留存收益	4343	72.38%	6.91%
8		合计	6000	100.00%	6.63%
9	方案B	长期借款	50	0.83%	6.50%
10		长期债券	2000	33.33%	7.00%
11		优先股	0	0.00%	10.95%
12		普通股	1800	30.00%	9.57%
13		留存收益	2150	35.83%	6.99%
14		合计	6000	100.00%	7.76%
15	方案C	长期借款	2878	47.97%	6.80%
16		长期债券	50	0.83%	7.20%
17		优先股	1494	24.90%	10.95%
18		普通股	777	12.95%	11.92%
19		留存收益	801	13.35%	7.79%
20		合计	6000	100.00%	8.63%
21	辅助决策结论	最低的综合资金成本			6.63%
22		最佳的筹资方案			方案A

图 3-22 比较资金成本法计算结果

二、每股利润分析法

（一）每股利润分析法的含义

将企业盈利能力与负债对股东财富的影响结合起来，分析资本结构与每股利润之间的关系，进而确定合理的资本结构的方法，叫作息税前利润-每股利润分析法，简写为 EBIT-EPS 分析法，也被称为每股利润无差别点法。

EBIT-EPS 分析法是利用息税前利润与每股利润之间的关系来确定最优资本结构的方法。根据这一分析方法，可以判断在什么样的息税前利润水平下适合采用何种资本结构。这种方法确定的最佳资本结构亦即每股利润最大的资本结构。

（二）计算公式

$$\frac{(EBIT-I_1)(1-T)-D_1}{N_1}=\frac{(EBIT-I_2)(1-T)-D_2}{N_2}$$

式中：EBIT——每股利润无差别点处的息税前利润；

I_1，I_2——两种筹资方式下的年利息；

D_1，D_2——两种筹资方式下的年优先股股利；

N_1，N_2——两种筹资方式下流通在外的普通股股数。

（三）案例分析

金腾集团目前的资本总额为 1 200 万元，其结构为：债务资本 300 万元，年利率为 10%；权益资本 900 万元。现因发展需要，计划筹资 400 万元，这些资金可以通过发行股票来筹集，也可以通过发行债券来筹集。假定息税前资本利润率为 15%，发行普通股 40 万股，每股面值 7 元，发行价格 10 元（普通股股本增加 280 万元，资本公积增加 120 万元）。原资本结构和筹资后资本结构情况如图 3-23 所示。

每股利润分析法计算题例（上）

每股利润分析法计算题例（下）

操作步骤如下：

第一步：建立"金腾集团筹资前后资本结构计算表"。

第二步：根据"金腾集团筹资前后资本结构计算表"，建立"筹资后不同资本结构下每股利润计算模型"Excel 工作表。根据已知资料，计算预计息税前利润，并分别计算方案 A 和方案 B 的利息、税前利润、净利润。

第三步：计算每万股利润。在单元格 B24 中输入公式"＝B22/B23"，并向右复制，得到两个方案的 EPS。

	A	B	C	D
1	金腾集团筹资前后资本结构计算表			单位：万元
2	项目	现有资本结构	追加筹资后资本结构	
3			增发普通股（方案A）	增发债券（方案B）
4	资本总额	1200	1600	1600
5	债务资本	300	300	700
6	普通股总额	640	920	640
7	普通股股数/万股	80	120	80
8	每股面值/元	7	7	7
9	资本公积	110	230	110
10	留存收益	150	150	150

图 3-23 金腾集团筹资前后资本结构计算题例

第四步：建立不同方案下每股利润差异目标函数。在单元格 C25 中输入公式"＝(B15-B18)＊(1-B20)/B23-(B15-C18)＊(1-C20)/C23"得出结果，也可以输入公式"＝B24-C24"求得。结果如图 3-24 所示。

	A	B	C
11	筹资后不同资本结构下每股利润计算模型		单位：万元
12	项目	增发普通股（方案A）	增发债券（方案B）
13	筹资后资本总额	1600	
14	预计资本利润率	15%	
15	息税前利润（EBIT）	240	
16	债务资本	300	700
17	债务利率	10%	10%
18	利息	30	70
19	税前利润	210	170
20	所得税税率	25%	25%
21	减：所得税	52.5	42.5
22	净利润	157.5	127.5
23	普通股股数/万股	120	80
24	每万股利润（EPS）	1.3125	1.5938
25	不同方案下每股利润差异目标函数		-0.2813

图 3-24　筹资后不同资本结构下每股利润计算结果

第五步：利用【单变量求解】求 EBIT。在【数据】选项卡下的【预测】组中单击【模拟分析】按钮，然后在提示菜单中选择【单变量求解】选项，打开【单变量求解】对话框。

在【目标单元格】框中输入单元格的引用，这里是 C25；在【目标值】框中输入用户希望得到的数值，这里是 0；在【可变单元格】框中输入要调整的值的单元格引用，这里是 B15，如图 3-25 所示。

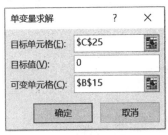

图 3-25　单变量求解对话框中的参数设置

第六步：单击【确定】按钮后，系统进行计算，得出 EBIT 为 150 万元，如图 3-26 所示。

	A	B	C
11	筹资后不同资本结构下每股利润计算模型		单位：万元
12	项目	增发普通股（方案A）	增发债券（方案B）
13	筹资后资本总额	1600	
14	预计资本利润率	15%	
15	息税前利润（EBIT）	150	
16	债务资本	300	700
17	债务利率	10%	10%
18	利息	30	70
19	税前利润	120	80
20	所得税税率	25%	25%
21	减：所得税	30	20
22	净利润	90	60
23	普通股股数/万股	120	80
24	每万股利润（EPS）	0.75	0.75
25	不同方案下每股利润差异目标函数		0

图 3-26　利用单变量求解息税前利润计算结果

从以上分析可以得出，当 EBIT 等于 150 万元时，两个筹资方案的 EPS 相等，理论上两个筹资方案是等效的；当 EBIT 小于 150 万元时，增发普通股的 EPS 大于增发债券的 EPS，则应进行增发普通股筹资；当 EBIT 大于 150 万元时，增发债券的 EPS 大于增发普通股的 EPS，则应进行增发债券筹资。本案例中，增发债券（方案 B）是优选方案。

一、资金需求量分析

1. 某集团 2023 年实现销售收入 181 000 万元、净利润 18 880 万元，分配利润 14 000 万元。预计 2024 年销售收入为 250 000 万元，请利用销售百分比法对该集团 2024 年外部筹资额进行预测。相关资料如表 3-3 所示。

表 3-3　某集团简要资产负债表（2023 年 12 月 31 日）　　　　单位：万元

资产		负债和所有者权益	
货币资金	25 000	应付票据	25 000
应收账款	35 000	应付账款	35 000
存货	60 000	长期借款	60 000
固定资产（净值）	80 000	实收资本	70 000
无形资产	10 000	留存收益	20 000
总计	210 000	总计	210 000

2. 金盛公司 2021—2023 年的产销量和资金占用量情况如表 3-4 所示。假定 2024 年产销量为 300 万件，请根据资料用线性回归法预测金盛公司 2024 年的资金需求量。

表 3-4　2021—2023 年金盛公司产销量和资金占用量表

年度	产销量（x）/万件	资金占用量（y）/万元
2021	110	90
2022	90	70
2023	120	100
2024	300	

二、筹资成本分析

1. 金盛公司取得 8 年期借款 800 万元，年利率为 10%，每年付息一次，到期一次还本，筹资费率为 0.6%，所得税税率为 25%。请利用 Excel 表格进行长期借款资金成本的计算。

2. 金盛公司发行面额为 700 万元的 5 年期债券，票面利率为 8%，发行费率为 6%，发行价格为 650 万元，所得税税率为 25%。请利用 Excel 表格进行长期债券资金成本的计算。

3. 金盛公司以面值发行普通股 4 000 万元，筹资费率为 5%，第一年的股利率为 8%，以后每年的增长率为 5%。请利用 Excel 表格分别进行普通股资金成本三种情况的计算。

4. 金盛公司以面值 1 元、发行价格 3 元发行优先股 100 万股，筹资费率为 5%，年股息率为 10%。请利用 Excel 表格进行优先股资金成本的计算。

5. 金盛公司各个资金项目的资料如图 3-27 所示。请利用 Excel 表格进行综合资金成本的计算。

综合资金成本计算模型			
筹资方式	资金价值/万元	权重系数	资金成本
长期借款	300		6.30%
公司债券	900		7.47%
优先股	750		2.27%
普通股	1500		15.00%
留存收益	1200		9.83%
综合资金成本			

图 3-27　综合资金成本计算资料

Excel 在财会中的应用

Excel 在营运资金管理中的应用

学习目的

理解营运资金的要点，掌握现金管理、存货管理、应收账款管理的具体内容及在 Excel 中的计算方法及计算公式，结合案例利用 Excel 对最佳现金持有量、存货经济订货批量、应收账款管理进行综合计算分析。

营运资金又称营运资本，是指流动资产减去流动负债后的余额，它是流动资产的一个有机组成部分。在企业的流动资产中，来源于流动负债的部分由于面临着债权人的短期索求权，因此无法供企业在较长期限内自由运用。而营运资金，即扣除短期负债后的剩余流动资产，能够为企业提供一个较为宽裕的自由使用期间。根据"资产（流动资产+非流动资产）=负债（流动负债+非流动负债）+所有者权益"这一平衡关系，可知"营运资金=流动资产−流动负债=非流动负债+所有者权益−非流动资产"。所谓营运资金，实际上就是企业以长期负债和主权资本等为来源的那部分流动资产。营运资金的两种表达方式其实是资金占用与资金来源统一体的两个方面。对于营运资金的管理，既要具体地分析流动资产与流动负债的比较差异，搞好营运资金管理和流动负债筹资管理，又要从企业资金运动的全过程进行系统把握，做好营运资金的综合管理。

任务一 Excel 在现金管理中的应用

现金是指在生产经营过程中暂时停留在货币形态的资金，包括库存现金、银行存款、银行本票、银行汇票等。现金是企业所有资产中流动性最强的资产，拥有一定数量的现金能够满足企业正常交易、防范风险及投资动机的需要，但会引起现金的机会成本、管理成本、转换成本等持有成本的增加。因此，保持适量的现金对于企业而言关系重大。企业的最佳现金持有量可以通过成本分析模型和存货模型等确定。

一、现金成本分析模型

（一）现金成本分析模型的含义

现金成本分析模型是通过分析与现金持有量相关的成本，如机会成本、管理成本、转换成本等，选择现金持有总成本最低时的现金持有量作为企业的最佳现金持有量的一种方法。

（二）计算公式

$$现金持有总成本 = 机会成本 + 短缺成本$$

（三）相关函数应用

利用 SUM 函数求和。

（四）案例分析

金腾集团有 A、B、C、D 四个现金持有方案，相关成本资料如表 4-1 所示。计算四个方案的现金持有总成本，并确定金腾集团的最佳现金持有量。

现金持有总成本
计算题例

表 4-1　金腾集团现金持有方案　　　　　单位：元

项目	方案 A	方案 B	方案 C	方案 D
现金持有量	30 000	40 000	50 000	60 000
机会成本	2 600	3 400	4 200	5 000
短缺成本	4 000	2 400	1 000	100

思路：成本分析模型下的最佳现金持有量，就是与现金持有量相关的机会成本与短缺成本之和最小的现金持有量。该模型应先分别计算出各个方案的机会成本与短缺成本之和，再从中选出总成本最低的现金持有量即最佳现金持有量。

操作步骤如下：

第一步：创建名称为"营运资金管理"的工作簿，并在"营运资金管理"工作簿中创建名称为"现金管理—成本分析模型"的 Excel 工作表。

第二步：在 Excel 工作表中输入题目的基本信息，如图 4-1 所示。

	A	B	C	D	E
1		金腾集团现金持有方案			单元：元
2	项目	方案A	方案B	方案C	方案D
3	现金持有量	30000	40000	50000	60000
4	机会成本	2600	3400	4200	5000
5	短缺成本	4000	2400	1000	100

图 4-1　金腾集团现金持有总成本计算题例

第三步：将计算需要的参数及公式输入 Excel 工作表中求值，如图 4-2 所示。

第四步：在单元格 B10 中输入公式"=SUM（B8:B9）"，然后将单元格 B10 中的公式复制到单元格 C10、D10、E10（可以使用填充柄拖动完成），操作完毕得出总成本。

	A	B	C	D	E
1		金腾集团现金持有方案			单元：元
2	项目	方案A	方案B	方案C	方案D
3	现金持有量	30000	40000	50000	60000
4	机会成本	2600	3400	4200	5000
5	短缺成本	4000	2400	1000	100
6					
7	项目	方案A	方案B	方案C	方案D
8	机会成本	2600	3400	4200	5000
9	短缺成本	4000	2400	1000	100
10	总成本	6600	5800	5200	5100

图 4-2　金腾集团现金持有总成本计算结果

对四个方案的总成本进行比较可知，方案 D 的总成本最低。也就是说，当企业持有 60 000 元现金时，各类现金持有成本的总和最小，故 60 000 元是金腾集团的最佳现金持有量。

二、现金持有量的存货模型

（一）存货模型的含义

存货模型是将现金看作企业的一种特殊存货，按照存货管理中的经济批量原理确定企业最佳现金持有量的方法。在存货模型中，只对持有现金的机会成本及现金与有价证券之间的转换成本予以考虑。其中，持有现金的机会成本随着现金持有量的增加而增加，而转换成本呈现出相反的变动趋势。因此，能够使持有现金的机会成本及现金与有价证券之间的转换成本之和保持最低的现金持有量，即为企业的最佳现金持有量。

存货模型可以较精确地测算出最佳现金持有量和有价证券的变现次数，对于企业的现金管理和有价证券管理有一定作用，但存货模型的前提条件局限性较大，这使得该模型的运用受到限制，因此运用存货模型时有必要同财务管理人员的经验相结合。

（二）计算公式

$$Q = \sqrt{2TF/K}$$

式中：Q——最佳现金持有量；

T——企业在一定时期内的现金需求总量；

F——每次转换成本；

K——有价证券的收益率。

（三）相关函数应用

SQRT 函数可以用于计算某一数值的平方根。该函数的语法为 SQRT（number），其中参数 number 是要计算的数值。如果参数 number 为负值，SQRT 函数将返回错误值"#NUM！"。

（四）案例分析

金腾集团现金收支比较稳定，预计全年需要现金 100 万元，现金与有价证券之间的每次转换成本为 300 元，有价证券的收益率为 6%。请运用存货模型确定金腾集团的最佳现金持有量。

现金持有量存货模型计算题例

思路：运用存货模型确定最佳现金持有量时，只对持有现金的机会成本及现金与有价证券之间的转换成本予以考虑。该案例可以根据利用存货模型确定最佳现金持有量的计算公式，运用开根号函数 SQRT 求解。

操作步骤如下：

第一步：在"营运资金管理"工作簿中创建名称为"现金管理—存货模型"的 Excel 工作表。

第二步：在 Excel 工作表中输入题目的基本信息，如图 4-3 所示。

	A	B
1	现金持有量的存货模型	
2	全年需要的现金/元	1000000
3	现金与有价证券的转换成本/（元/次）	300
4	有价证券的收益率	6%

图 4-3　现金持有量存货模型计算题例

第三步：将计算需要的参数及公式输入 Excel 工作表中求值，如图 4-4 所示。

	A	B
1	现金持有量的存货模型	
2	全年需要的现金/元	1000000
3	现金与有价证券的转换成本/（元/次）	300
4	有价证券的收益率	6%
5		
6	最佳现金持有量	100000
7	最低现金管理相关总成本	6000
8	转换成本	
9	持有现金的机会成本	
10	有价证券交易次数	
11	有价证券交易间隔期	

图 4-4　现金持有量存货模型计算结果

根据最佳现金持有量计算公式 $Q = \sqrt{2TF/K}$ 在 Excel 中选用开根号函数"= SQRT（number）"。

（1）在单元格 B6 中输入公式"=SQRT（2*B2*B3/B4）"，求得最佳现金持有量为 100 000 元。

（2）在单元格 B7 中输入公式"=SQRT（2*B2*B3*B4）"，求得最低现金管理相关总成本为 6 000 元。

任务二　Excel 在存货管理中的应用

存货是企业在生产经营过程中为生产或销售目的而储备的物资，具有防止停工待料、适应市场变化、降低进货成本、维持均衡生产等功能，但也造成存货的机会成本、储存成本等成本的增加。在财务管理中，对于存货的管理，主要通过确定存货经济订货批量和存货 ABC 管理法等方法来实施。

一、存货经济订货批量模型

（一）存货经济订货批量模型的假设条件
（1）企业能及时补充存货。
（2）存货能集中到货。
（3）不存在缺货现象。
（4）企业在一定时期的存货需求总量可以比较准确地预计。
（5）存货的单价不变。

（二）计算公式
经济订货批量（通过求导得出）为

$$Q = \sqrt{2AB/C}$$

年度最佳订货次数为

$$N = A/Q = \sqrt{AC/2B}$$

经济订货批量平均占用资金为

$$W = QP/2 = \sqrt{AB/2C}$$

存货相关总成本为

$$TC = \sqrt{2ABC}$$

最佳订货周期为

$$T = 360/N$$

式中：A——订货总量；
　　　P——存货单价；

Q——订货批量；
B——每次订货成本；
C——单位储存成本。

(三) 案例分析

金腾集团每年要耗用甲材料 5 000 千克，该材料单位采购成本为 35 元/千克，年单位储存成本为 6 元/千克，一次订货成本为 75 元。求甲材料的经济订货批量、年度最佳订货次数。

思路：该案例为运用存货经济订货批量基本模型计算材料的经济订货批量、年度最佳订货次数问题，可以通过存货经济订货批量基本模型的相关公式，运用开根号函数 SQRT 求解。

操作步骤如下：

第一步：在"营运资金管理"工作簿中创建名称为"存货经济订货批量基本模型"的 Excel 工作表。

第二步：在 Excel 工作表中输入题目的基本信息，如图 4-5 所示。

第三步：将计算需要的参数及公式输入 Excel 工作表中求值，如图 4-6 所示。

存货经济订货批量
基本模型计算题例

	A	B
1	存货经济订货批量基本模型	
2	全年需要量/千克	5000
3	一次订货成本/元	75
4	单位采购成本/（元/千克）	35
5	年单位储存成本/（元/千克）	6

图 4-5 存货经济订货批量
基本模型计算题例

	A	B
1	存货经济订货批量基本模型	
2	全年需要量/千克	5000
3	一次订货成本/元	75
4	单位采购成本/（元/千克）	35
5	年单位储存成本/（元/千克）	6
6		
7	经济订货批量/千克	354
8	存货相关总成本/元	2121
9	年度最佳订货次数/次	14
10	经济订货批量平均占用资金/元	6187
11	最佳订货周期/天	25

图 4-6 存货经济订货批量基本模型计算结果

将经济订货批量、存货相关总成本、年度最佳订货次数、经济订货批量平均占用资金、最佳订货周期的公式输入 Excel 工作表中，计算各项目的值。

（1）在单元格 B7 中输入公式"＝SQRT（2＊B2＊B3/B5）"，求得经济订货批量为 354 千克。

（2）在单元格 B8 中输入公式"＝SQRT（2＊B2＊B3＊B5）"，求得存货相关总成本为 2 121 元。

（3）在单元格 B9 中输入公式"=B2/B7"，求得年度最佳订货次数为 14 次。

（4）在单元格 B10 中输入公式"=B4*B7/2"，求得经济订货批量平均占用资金为 6 187 元。

（5）在单元格 B11 中输入公式"=360/B9"，求得最佳订货周期为 25 天。

计算结果表明，金腾集团甲材料每次订货 354 千克为最佳订货批量，因为其相关订货成本与储存成本的年度总额最低，即 2 121 元。此时，经济订货批量平均占用资金为 6 187 元，年度最佳订货次数为 14 次，最佳订货周期为 25 天。

二、允许缺货情况下的经济批量模型

（一）允许缺货情况下确定存货最佳经济批量的基本条件

（1）订货成本。
（2）储存成本。
（3）缺货成本。

（二）计算公式

允许缺货情况下的最佳经济批量为

$$Q = \sqrt{\frac{2AB}{C} \times (C+R)/R}$$

平均缺货量为

$$S = Q \times C/(C+R)$$

式中：A——订货总量；
　　　Q——允许缺货时的经济批量；
　　　B——每次订货成本；
　　　C——单位储存成本；
　　　R——单位缺货成本；
　　　S——平均缺货量。

（三）案例分析

金腾集团每年要耗用乙材料 60 000 千克，年单位储存成本为 6 元/千克，一次订货成本为 80 元，单位缺货成本为 10 元/千克。求允许缺货情况下乙材料的最佳经济批量及平均缺货量。

思路：该案例为运用允许缺货情况下的经济批量模型计算材料的最佳经济批量、平均缺货量问题。在允许缺货情况下确定存货的经济批量要考虑的成本有三项：订货成本、储存成本和缺货成本。该案例可以通过允许缺货情况下的经济批量模型的相关公式，运用开根号函数 SQRT 求解。

操作步骤如下：

第一步：在“营运资金管理”工作簿中创建名称为“允许缺货情况下的经济批量模型”的 Excel 工作表。

第二步：在 Excel 工作表中输入题目的基本信息，如图 4-7 所示。

	A	B
1	允许缺货情况下的经济批量模型	
2	全年需要量/千克	60000
3	一次订货成本/元	80
4	单位缺货成本/（元/千克）	10
5	年单位储存成本/（元/千克）	6
6		
7	允许缺货情况下的最佳经济批量/千克	
8	平均缺货量/千克	

图 4-7　允许缺货情况下的经济批量模型计算题例

第三步：将计算需要的参数及公式输入 Excel 工作表中求值，如图 4-8 所示。

	A	B
1	允许缺货情况下的经济批量模型	
2	全年需要量/千克	60000
3	一次订货成本/元	80
4	单位缺货成本/（元/千克）	10
5	年单位储存成本/（元/千克）	6
6		
7	允许缺货情况下的最佳经济批量/千克	1600
8	平均缺货量/千克	600

图 4-8　允许缺货情况下的经济批量模型计算结果

将允许缺货情况下的最佳经济批量、平均缺货量的公式输入 Excel 工作表中，计算各项目的值。

（1）在单元格 B7 中输入公式“=SQRT(2 * B2 * B3/B5 * (B5+B4)/B4)”，求得允许缺货情况下的最佳经济批量为 1 600 千克。

（2）在单元格 B8 中输入公式“=B7 * B5/(B5+B4)”，求得平均缺货量为 600 千克。

通过以上计算可知，在允许缺货情况下，乙材料的最佳经济批量为 1 600 千克，平均缺货量为 600 千克。

三、存货 ABC 管理法

（一）存货 ABC 管理法的含义

在企业中，原材料、包装物、产品等存货品种众多，价格悬殊，管理难度较大。存货 ABC 管理法是依据重要性原则，按照各种存货的资金占用额把企业的所有存货划分成 A、B、C 三类，分别进行管理的存货控制方法。

（二）存货 ABC 管理法的特点

1. A 类存货的特点

A 类存货资金占用额大，但品种较少，应重点规划和控制。

2. B 类存货的特点

B 类存货资金占用额一般，但品种相对较多，应进行次重点管理。

3. C 类存货的特点

C 类存货资金占用额较小，但品种繁多，只进行一般管理即可。

存货 ABC 管理法是以各种存货的资金占用额为主要标准对存货进行分类的。

（三）相关函数应用

IF 函数又称条件函数，根据参数条件，对数值和表达式进行条件检测，返回不同的结果。IF 函数的语法为 IF（logical_test，[value_if_true]，[value_if_false]）。

参数说明：

logical_test：必需，表示条件的数值或表达式，其结果是 TRUE 或 FALSE，可以使用任何运算。

value_if_true：可选，表示当 logical_test 为 TRUE 时返回的值。

value_if_false：可选，表示当 logical_test 为 FALSE 时返回的值。

在本项目中，IF 函数主要用于存货的 ABC 管理。

（四）案例分析

金腾集团生产所需的原材料有 20 种，均需要外购，各种原材料的市场价格及全年需要量如图 4-9 所示。请对金腾集团的原材料存货进行 ABC 分类管理。

	A	B	C	D	E	F
1	金腾集团原材料明细表					
2	材料编码	单价/（元/千克）	全年需要量/千克	材料编码	单价/（元/千克）	全年需要量/千克
3	C001	9	300	C011	0.2	2000
4	C002	6	6000	C012	0.6	12000
5	C003	3	9000	C013	15	1100
6	C004	0.8	10000	C014	12.5	2300
7	C005	1.2	4000	C015	2.3	2800
8	C006	25	6000	C016	4.1	5000
9	C007	1.4	46000	C017	6.6	8000
10	C008	0.5	30000	C018	8.9	580
11	C009	3.8	1300	C019	5.8	650
12	C010	3.1	8000	C020	6.4	1000

图 4-9　金腾集团原材料明细

思路：存货 ABC 管理法是按照一定标准把企业的所有存货划分成 A、B、C 三类，分别进行管理的存货控制方法。其中，A 类存货是重点存货，应重点规划和控制；B 类存货应进行次重点管理；C 类存货只进行一般管理。存货 ABC 管理法对存货进行分类时的主要标准是各种存货的资金占用额。利用 Excel 软件的排序功能可以轻松实现存货的 ABC 分类管理。

操作步骤如下：

第一步：在"营运资金管理"工作簿中创建名称为"原材料 ABC 分类表"的 Excel 工作表。

第二步：在 Excel 工作表中输入题目的基本信息，如图 4-10 所示。

	A	B	C	D	E	F	G
1			原材料ABC分类表				
2	材料编码	单价/（元/千克）	全年需要量/千克	资金占用额/元	占比	累计占比	存货类别
3	C001	9	300				
4	C002	6	6000				
5	C003	3	9000				
6	C004	0.8	10000				
7	C005	1.2	4000				
8	C006	25	6000				
9	C007	1.4	46000				
10	C008	0.5	30000				
11	C009	3.8	1300				
12	C010	3.1	8000				
13	C011	0.2	2000				
14	C012	0.6	12000				
15	C013	15	1100				
16	C014	12.5	2300				
17	C015	2.3	2800				
18	C016	4.1	5000				
19	C017	6.6	8000				
20	C018	8.9	580				
21	C019	5.8	650				
22	C020	6.4	1000				
23	合计						

图 4-10 存货 ABC 管理法计算题例

第三步：将计算需要的参数及公式输入 Excel 工作表中求值。

（1）在单元格 D3 中输入公式"=B3*C3"，再将单元格 D3 中的公式复制到单元格 D4 到 D22 区域，求得各种原材料的资金占用额。

（2）在单元格 D23 中输入公式"=SUM（D3:D22）"，求得原材料资金占用总额。

（3）在单元格 E3 中输入公式"=D3/$D$23"，再将单元格 E3 中的公式复制到单元格 E4 到 E23 区域，求得各种原材料的资金占用额占原材料资金占用总额的比例（注意：应把单元格 E3 到 F23 区域设置成百分比形式）。

（4）选择单元格 A2 到 E22 区域，单击【数据】选项卡下【排序和筛选】组中的【排序】按钮，弹出【排序】对话框。在该对话框中，主要关键字选择【资金占用额/元】，排序依据选择【数值】，次序选择【降序】，单击【确定】按钮，得到各种原材料按资金占用额从大到小排列的数据。

（5）在单元格 F3 中输入公式"=E3"，在单元格 F4 中输入公式"=F3+E4"，再将单元格 F4 中的公式复制到单元格 F5 到 F22 区域，求得原材料占用资金的累计比例。

（6）在单元格 G3 中输入公式"=IF（F3<=75%，"A"，IF（F3<=95%，"B"，"C"））"，再将单元格 G3 中的公式复制到单元格 G4 到 G22 区域，把所有原材料划分成 A、B、C 三类，如图 4-11 所示。

	A	B	C	D	E	F	G
1	原材料ABC分类表						
2	材料编码	单价/（元/千克）	全年需要量/千克	资金占用额/元	占比	累计占比	存货类别
3	C006	25	6000	150000	30.89%	30.89%	A
4	C007	1.4	46000	64400	13.26%	44.16%	A
5	C017	6.6	8000	52800	10.87%	55.03%	A
6	C002	6	6000	36000	7.41%	62.44%	A
7	C014	12.5	2300	28750	5.92%	68.36%	A
8	C003	3	9000	27000	5.56%	73.92%	A
9	C010	3.1	8000	24800	5.11%	79.03%	B
10	C016	4.1	5000	20500	4.22%	83.25%	B
11	C013	15	1100	16500	3.40%	86.65%	B
12	C008	0.5	30000	15000	3.09%	89.74%	B
13	C004	0.8	10000	8000	1.65%	91.39%	B
14	C012	0.6	12000	7200	1.48%	92.87%	B
15	C015	2.3	2800	6440	1.33%	94.20%	B
16	C020	6.4	1000	6400	1.32%	95.52%	C
17	C018	8.9	580	5162	1.06%	96.58%	C
18	C009	3.8	1300	4940	1.02%	97.60%	C
19	C005	1.2	4000	4800	0.99%	98.59%	C
20	C019	5.8	650	3770	0.78%	99.36%	C
21	C001	9	300	2700	0.56%	99.92%	C
22	C011	0.2	2000	400	0.08%	100.00%	C
23	合计			485562	100.00%		

图 4-11 存货 ABC 管理法计算结果

通过以上计算可知，原材料 C006、C007、C017、C002、C014、C003 是金腾集团的 A 类存货，应重点管理；原材料 C010、C016、C013、C008、C004、C012、C015 是金腾集团的 B 类存货，应进行次重点管理；其余原材料是金腾集团的 C 类存货，进行一般管理即可。

任务三　Excel 在应收账款管理中的应用

应收账款是企业因对外赊销产品、赊供劳务等业务而产生的应向购货单位或接受劳务的单位收取的款项。对于企业而言，应收账款具有扩大销售、加快存货周转的功能，但同时会引起应收账款的机会成本、管理成本、坏账损失成本等成本。企业对应收账款的管理是通过制定恰当的信用政策来实施的。信用政策包括信用标准、信用条件和收账政策三项内容。

一、制定信用标准

（一）信用标准的含义

信用标准是指客户获取企业的商业信用所应具备的最低条件，一般用预计坏账损失率来表示。

（二）计算公式

$$信用成本前收益=年赊销额\times(1-变动成本率)$$
$$信用标准变化后的应收账款机会成本=年赊销额\times平均收账期/360\times变动成本率\times应收账款机会成本率$$
$$信用标准变化后的坏账损失成本=年赊销额\times预计坏账损失率$$
$$信用成本后收益=信用成本前收益-信用标准变化后的应收账款机会成本-信用标准变化后的坏账损失成本$$

（三）案例分析

金腾集团预计下年度销售额为 170 000 元，变动成本率为 55%，应收账款机会成本率为 15%。现行的信用标准为预计坏账损失率在 15% 以下，平均坏账损失率为 10%，平均收账期为 45 天。现金腾集团拟改变信用标准，相关资料如表 4-2 所示，试对 A、B 两个方案做出决策。

信用标准决策计算题例

表 4-2　新信用标准的 A、B 方案

项目	A 方案	B 方案	项目	A 方案	B 方案
信用标准（预计坏账损失率）	5%	15%	平均收账期/天	65	80
年赊销额/元	160 000	180 000	预计坏账损失率	6%	13%

思路：从表 4-2 可以看出，较低的信用标准（B 方案）能够增加企业的销售额，但平均收账期较长，预计坏账损失率较高；较高的信用标准（A 方案）与之相反。为了对两个

方案做出决策,我们需要在 Excel 工作表中计算并比较两个方案的信用成本后收益。

操作步骤如下:

第一步:在"营运资金管理"工作簿中创建名称为"信用标准决策"的 Excel 工作表。

第二步:在 Excel 工作表中输入题目的基本信息,如图 4-12 所示。

第三步:将计算需要的参数及公式输入 Excel 工作表中求值,如图 4-13 所示。

	A	B	C
1	信用标准决策		
2	项目	原方案	
3	销售额/元	170000	
4	变动成本率	55%	
5	信用标准	15%	
6	平均坏账损失率	10%	
7	平均收账期/天	45	
8	应收账款机会成本率	15%	
9			
10	项目	A方案	B方案
11	变化后信用标准	5%	15%
12	年赊销额/元	160000	180000
13	变动成本/元		
14	信用成本前收益/元		
15	平均收账期/天	65	80
16	预计坏账损失率	6%	13%
17	应收账款机会成本/元		
18	坏账损失成本/元		
19	信用成本后收益/元		

图 4-12 信用标准决策计算题例

	A	B	C
1	信用标准决策		
2	项目	原方案	
3	销售额/元	170000	
4	变动成本率	55%	
5	信用标准	15%	
6	平均坏账损失率	10%	
7	平均收账期/天	45	
8	应收账款机会成本率	15%	
9			
10	项目	A方案	B方案
11	变化后信用标准	5%	15%
12	年赊销额/元	160000	180000
13	变动成本/元	88000	99000
14	信用成本前收益/元	72000	81000
15	平均收账期/天	65	80
16	预计坏账损失率	6%	13%
17	应收账款机会成本/元	2383	3300
18	坏账损失成本/元	9600	23400
19	信用成本后收益/元	60017	54300

图 4-13 信用标准决策计算结果

(1)在单元格 B13 中输入公式"=B12*$B$4",再将单元格 B13 中的公式复制到单元格 C13,求得 A 方案、B 方案的变动成本。

(2)在单元格 B14 中输入公式"=B12-B13",再将单元格 B14 中的公式复制到单元格 C14,求得 A 方案、B 方案的信用成本前收益。

(3)在单元格 B17 中输入公式"=B12*B15/360*$B$4*$B$8",再将单元格 B17 中的公式复制到单元格 C17,求得 A 方案、B 方案的应收账款机会成本。

(4)在单元格 B18 中输入公式"=B12*B16",再将单元格 B18 中的公式复制到单元格 C18,求得 A 方案、B 方案的坏账损失成本。

(5)在单元格 B19 中输入公式"=B14-B17-B18",再将单元格 B19 中的公式复制到单元格 C19,求得 A 方案、B 方案的信用成本后收益。

比较两个方案的信用成本后收益可知,A 方案的信用成本后收益较大,应作为金腾集团新的信用标准。

二、选择信用条件

（一）信用条件的含义

信用条件是指企业要求客户支付赊销款项的条件，包括信用期限、折扣期限和现金折扣率等。信用条件的基本表达方式如"1/30，n/60"，其中，1 表示现金折扣率为 1%，30 表示折扣期限为 30 天，60 表示信用期限为 60 天。一般而言，信用条件越宽松，应收账款的促销作用越明显，但相应的应收账款的机会成本、管理成本、坏账损失成本等成本会增加。

（二）计算公式

信用成本前收益＝年赊销额×(1−变动成本率)

信用条件变化后的应收账款机会成本＝年赊销额×平均收账期/360×变动成本率×应收账款机会成本率

信用条件变化后的现金折扣成本＝年赊销额×需付现金折扣的销售额占总销售额的百分比×现金折扣率

信用条件变化后的坏账损失成本＝年赊销额×预计坏账损失率

信用成本总额＝信用条件变化后的应收账款机会成本＋信用条件变化后的现金折扣成本＋信用条件变化后的坏账损失成本

信用成本后收益＝信用成本前收益−信用成本总额

（三）案例分析

金腾集团预计下年度销售额为 150 000 元，变动成本率为 60%，应收账款机会成本率为 15%，信用标准为预计坏账损失率在 10%以下，平均坏账损失率为 5%，现行的信用条件为 $n/30$。现金腾集团拟改变信用条件，相关资料如表 4-3 所示，试对 A、B 两个方案做出决策。

表 4-3 新信用条件的 A、B 方案

项目	A 方案	B 方案
信用条件	$n/40$	$1/30$，$n/60$
年赊销额/元	170 000	200 000
预计坏账损失率	11%	10%
现金折扣率	0	1%
享受现金折扣的销售额占比	0	50%

思路：为了对两个方案做出决策，我们需要在 Excel 工作表中计算并比较两个方案的信用成本后收益。

操作步骤如下：

第一步：在"营运资金管理"工作簿中创建名称为"信用条件决策"的 Excel 工作表。

第二步：在 Excel 工作表中输入题目的基本信息，如图 4-14 所示。

第三步：将计算需要的参数及公式输入 Excel 工作表中求值，如图 4-15 所示。

	A	B	C
1	信用条件决策		
2	项目	原方案	
3	销售额/元	150000	
4	变动成本率	60%	
5	信用标准	10%	
6	平均坏账损失率	5%	
7	信用条件	30天付清	
8	应收账款机会成本率	15%	
9			
10	项目	A方案	B方案
11	变化后信用条件	n/40	1/30,n/60
12	年赊销额/元	170000	200000
13	变动成本/元		
14	信用成本前收益/元		
15	预计坏账损失率	11%	10%
16	享受现金折扣的销售额占比	0	50%
17	现金折扣率	0	1%
18	预计收账期/天		
19	应收账款机会成本/元		
20	现金折扣成本/元		
21	坏账损失成本/元		
22	信用成本总额/元		
23	信用成本后收益/元		

图 4-14　信用条件决策计算题例

	A	B	C
1	信用条件决策		
2	项目	原方案	
3	销售额/元	150000	
4	变动成本率	60%	
5	信用标准	10%	
6	平均坏账损失率	5%	
7	信用条件	30天付清	
8	应收账款机会成本率	15%	
9			
10	项目	A方案	B方案
11	变化后信用条件	n/40	1/30,n/60
12	年赊销额/元	170000	200000
13	变动成本/元	102000	120000
14	信用成本前收益/元	68000	80000
15	预计坏账损失率	11%	10%
16	享受现金折扣的销售额占比	0	50%
17	现金折扣率	0	1%
18	预计收账期/天	40	45
19	应收账款机会成本/元	1700	2250
20	现金折扣成本/元	0	1000
21	坏账损失成本/元	18700	20000
22	信用成本总额/元	20400	23250
23	信用成本后收益/元	47600	56750

图 4-15　信用条件决策计算结果

（1）在单元格 B13 中输入公式"=B12*$B$4"，再将单元格 B13 中的公式复制到单元格 C13，求得 A 方案、B 方案的变动成本。

（2）在单元格 B14 中输入公式"=B12−B13"，再将单元格 B14 中的公式复制到单元格 C14，求得 A 方案、B 方案的信用成本前收益。

（3）在单元格 B18 中输入 A 方案的预计收账期"40"，在单元格 C18 中输入公式"=30*（1−C16）+60*C16"，求得 B 方案的预计收账期。

（4）在单元格 B19 中输入公式"=B12*B18/360*$B$4*$B$8"，再将单元格 B19 中的公式复制到单元格 C19，求得 A 方案、B 方案的应收账款机会成本。

（5）在单元格 B20 中输入 A 方案的现金折扣成本"0"，在单元格 C20 中输入公式"=C12*C16*C17"，求得 B 方案的现金折扣成本。

（6）在单元格 B21 中输入公式"=B12*B15"，再将单元格 B21 中的公式复制到单元格 C21，求得 A 方案、B 方案的坏账损失成本。

(7) 在单元格 B22 中输入公式"＝B19+B20+B21",再将单元格 B22 中的公式复制到单元格 C22,求得 A 方案、B 方案的信用成本总额。

(8) 在单元格 B23 中输入公式"＝B14-B22",再将单元格 B23 中的公式复制到单元格 C23,求得 A 方案、B 方案的信用成本后收益。

通过以上计算可知,信用条件变化后,A 方案、B 方案带来的信用成本后收益均为正值,表明两个方案均可行,但 B 方案带来的信用成本后收益大于 A 方案,即 B 方案更优,所以应选择 B 方案作为金腾集团新的信用条件。

三、确定收账政策

(一)收账政策的含义

收账政策是指当客户违反信用条件、拖欠甚至拒付账款时,企业应采取的收账策略及措施。收账政策可大致分为积极的收账政策和消极的收账政策两类。积极的收账政策一般会加快应收账款的回收速度,从而降低应收账款的机会成本、坏账损失成本等成本,但收账费用较高;而消极的收账政策与之相反。

(二)计算公式

应收账款的平均占用额＝年赊销额/360×平均收账期

坏账损失成本＝年赊销额×坏账损失率

收账政策机会成本＝应收账款的平均占用额×变动成本率×应收账款机会成本率

收账政策总成本＝收账政策机会成本+坏账损失成本+收账费用

(三)案例分析

金腾集团预计下年度销售额为 150 000 元,变动成本率为 60%,应收账款机会成本率为 15%,现金腾集团打算变更收账政策,相关资料如表 4-4 所示,试对 A、B 两个方案做出决策。

收账政策决策计算题例

表 4-4 收账政策的 A、B 方案

项目	目前方案(A 方案)	拟改方案(B 方案)
每年的收账费用/元	10 000	20 000
平均收账期/天	60	30
坏账损失率	4%	2%

思路:为了对两个方案做出决策,我们需要在 Excel 工作表中计算并比较两个方案的收账政策总成本。

操作步骤如下：

第一步：在"营运资金管理"工作簿中创建名称为"收账政策决策"的 Excel 工作表。

第二步：在 Excel 工作表中输入题目的基本信息，如图 4-16 所示。

第三步：将计算需要的参数及公式输入 Excel 工作表中求值，如图 4-17 所示。

（1）在单元格 B11 中输入公式"=$B$3/360*B9"，再将单元格 B11 中的公式复制到单元格 C11，求得 A 方案、B 方案的应收账款的平均占用额。

（2）在单元格 B12 中输入公式"=$B$3*B10"，再将单元格 B12 中的公式复制到单元格 C12，求得 A 方案、B 方案的坏账损失成本。

（3）在单元格 B13 中输入公式"=B11*$B$4*$B$5"，再将单元格 B13 中的公式复制到单元格 C13，求得 A 方案、B 方案的收账政策机会成本。

（4）在单元格 B14 中输入公式"=B8"，再将单元格 B14 中的公式复制到单元格 C14，求得 A 方案、B 方案的收账费用。

（5）在单元格 B15 中输入公式"=B12+B13+B14"，再将单元格 B15 中的公式复制到单元格 C15，求得 A 方案、B 方案的收账政策总成本。

	A	B	C
1	收账政策决策		
2	项目		
3	销售额/元	150000	
4	变动成本率	60%	
5	应收账款机会成本率	15%	
6			
7	项目	A方案	B方案
8	每年的收账费用/元	10000	20000
9	平均收账期/天	60	30
10	坏账损失率	4%	2%
11	应收账款的平均占用额/元		
12	坏账损失成本/元		
13	收账政策机会成本/元		
14	收账费用/元		
15	收账政策总成本/元		

图 4-16 收账政策决策计算题例

	A	B	C
1	收账政策决策		
2	项目		
3	销售额/元	150000	
4	变动成本率	60%	
5	应收账款机会成本率	15%	
6			
7	项目	A方案	B方案
8	每年的收账费用/元	10000	20000
9	平均收账期/天	60	30
10	坏账损失率	4%	2%
11	应收账款的平均占用额/元	25000	12500
12	坏账损失成本/元	6000	3000
13	收账政策机会成本/元	2250	1125
14	收账费用/元	10000	20000
15	收账政策总成本/元	18250	24125

图 4-17 收账政策决策计算结果

通过以上计算可知，A 方案收账政策总成本较低，即 A 方案更优，所以应选择 A 方案作为金腾集团新的收账政策。

1. 金盛公司有 A、B、C、D 四个现金持有方案，相关成本资料如表 4-5 所示。

表 4-5 金盛公司现金持有方案　　　　　单位：元

项目	A 方案	B 方案	C 方案	D 方案
现金持有量	30 000	40 000	50 000	60 000
机会成本	2 600	3 400	4 200	5 000
短缺成本	3 000	2 400	1 000	200

要求：计算四个方案的现金持有总成本，并确定金盛公司的最佳现金持有量。

（提示：成本分析模型下的最佳现金持有量，就是与现金持有量相关的机会成本与短缺成本之和最小的现金持有量。该模型应先分别计算出各个方案的机会成本与短缺成本之和，再从中选出总成本最低的现金持有量即最佳现金持有量。）

2. 金盛公司每年要耗用甲材料 5 000 千克，该材料单位采购成本为 35 元/千克，年单位储存成本为 6 元/千克，一次订货成本为 75 元。求甲材料的经济订货批量、年度最佳订货次数。

（提示：该问题为运用存货经济订货批量基本模型计算材料的经济订货批量、年度最佳订货次数问题，可以通过存货经济订货批量基本模型的相关公式，运用开根号函数 SQRT 求解。）

3. 金盛公司预计下年度销售额为 170 000 元，变动成本率为 55%，应收账款机会成本率为 15%。现行的信用标准为预计坏账损失率在 15% 以下，平均坏账损失率为 10%，平均收账期为 45 天。现金盛公司拟改变信用标准，相关资料如表 4-6 所示，试对 A、B 两个方案做出决策。

表 4-6 新信用标准的 A、B 方案

项目	A 方案	B 方案	项目	A 方案	B 方案
信用标准（预计坏账损失率）	5%	15%	平均收账期/天	65	80
年赊销额/元	150 000	170 000	预计坏账损失率	6%	13%

［提示：从表 4-6 可以看出，较低的信用标准（B 方案）能够增加企业的销售额，但平均收账期较长，预计坏账损失率较高；较高的信用标准（A 方案）与之相反。为了对两个方案做出决策，我们需要在 Excel 工作表中计算并比较两个方案的信用成本后收益。］

4. 金盛公司全年要用乙材料4 000千克，单位采购成本为10元/千克，预计每次订货的变动性订货成本为50元，单位材料年平均变动性储存成本为4元/千克。假定乙材料不存在缺货情况，要求利用Excel软件计算：

(1) 乙材料的经济订货批量。

(2) 经济订货批量下的总成本。

(3) 经济订货批量下的平均占用资金。

(4) 年度最佳订货次数。

(5) 最佳订货周期。

5. 金盛公司全年要用丙材料60 000千克，单位采购成本为15元/千克，预计每次订货的变动性订货成本为60元，单位材料年平均变动性储存成本为6元/千克。丙材料允许存在缺货情况，要求利用Excel软件计算：

(1) 丙材料的经济订货批量。

(2) 丙材料的平均缺货量。

项目五
Excel 在投资管理中的应用

☞ **学习目的**

理解投资决策指标的应用，掌握固定资产投资分析、证券投资分析等内容，熟练掌握 Excel 在投资管理中的应用操作，结合案例进一步提高数据管理效率。

投资是指企业以自有的资产投入，承担相应的风险，以期合法地取得更多的资产或权益的一种经济活动。投资是企业生存与发展的基本前提，是企业获取利润的途径，是企业风险控制的重要手段。

为了加强投资管理，提高投资效益，对企业的投资可做以下分类：

（1）按投资与企业生产经营的关系，可将投资分为直接投资和间接投资。直接投资是指把资金投放于生产经营环节，以期获取利润的投资。在非金融性企业中，直接投资所占比重较大。间接投资又称证券投资，是指把资金投放于证券等金融性资产，以期获得股利或利息收入的投资。

（2）按投资回收时间的长短，可将投资分为短期投资和长期投资。短期投资是指准备在一年以内收回的投资，主要指对现金、应收账款、存货、短期有价证券等的投资。长期投资是指一年以上才能收回的投资，主要指对房屋、建筑物、机器、设备等能够形成生产能力的物质技术基础的投资，也包括对无形资产和长期有价证券的投资。

（3）按投资的方向和范围，可将投资分为对内投资和对外投资。对内投资是指将资金投放在企业内部，用于购置各种生产经营用的资产。对外投资是指企业以现金、实物、无形资产等方式或以购买股票、债券等有价证券方式向其他单位投资。

一个好的投资决策会给企业带来丰厚的利润，而一个坏的投资决策轻则会使企业劳而无功，重则可导致企业陷入困境。那么，如何衡量投资项目的可行性呢？

Excel 在财会中的应用

任务一　Excel 在投资决策指标计算中的应用

一、投资决策概述

投资决策是指投资者为了实现预期的投资目标，运用一定的科学理论、方法和手段，通过一定的程序对投资的必要性、投资目标、投资规模、投资方向、投资结构、投资成本与收益等经济活动中的重大问题进行分析、判断和方案选择。

评价投资方案时使用的指标分为非贴现指标和贴现指标。

二、非贴现指标的应用

（一）非贴现指标的含义

非贴现指标是指不考虑资金时间价值因素的指标，主要包括静态投资回收期、会计收益率等。相应的投资决策方法称为非贴现法。

（二）投资回收期

投资回收期是指用投资方案所产生的净收益补偿初始投资所需要的时间，其单位通常用"年"表示。投资回收期一般从建设年算起，也可以从投资年算起，计算时应具体注明。投资回收期越短，说明投资方案越好。

投资回收期包括静态投资回收期和动态投资回收期。

静态投资回收期是在不考虑资金时间价值的情况下，收回初始投资所需要的时间。

动态投资回收期是在考虑资金时间价值的情况下，以投资方案各年的净现金流量按基准收益率折成的现值抵偿初始投资所需要的时间。动态投资回收期就是净现金流量现值累计等于零时的年份。

（三）计算公式

动态投资回收期（年）= 累计净现金流量现值开始出现正值的年数 −1 +
上一年累计净现金流量现值的绝对值／出现正值年份的净现金流量现值

静态投资回收期可根据现金流量表计算，具体计算方法分以下两种情况：

一是项目建成投产后各年的净收益（净现金流量）均相同，则静态投资回收期的计算公式为

静态投资回收期（年）= 原始投资额÷年净现金流量

二是项目建成投产后各年的净收益不同，则静态投资回收期可根据累计净现金流量求得，也就是在现金流量表中累计净现金流量由负值转为正值之间的年份。其计算公

式为

静态投资回收期（年）= 累计净现金流量开始出现正值的年数−1+
上一年累计净现金流量的绝对值/
出现正值年份的净现金流量

静态投资回收期
计算题例

（四）案例分析

金腾集团有一个投资方案，期限为 4 年，每年年末的净现金流量如图 5-1 所示。请计算该方案的静态投资回收期。

	A	B	C	D	E	F
1	静态投资回收期计算模型				单位：万元	
2	年次	0	1	2	3	4
3	净现金流量	−800	400	300	200	100
4						
5						
6						

图 5-1　静态投资回收期计算题例

操作步骤如下：

第一步：建立"静态投资回收期计算模型"Excel 工作表，计算累计净现金流量。在单元格 B4 中输入公式"=B3"，在单元格 C4 中输入公式"=B4+C3"，并向右填充复制公式到单元格 F4，得出累计净现金流量。

第二步：从上一步的计算中可以找到累计净现金流量由负值转为正值的年份是第 3 年。在 Excel 中，用 AND 函数判断累计净现金流量第一次由负值转为正值的年份，在单元格 C5 中输入公式"=AND（C4>0，B4<0）"，并向右填充复制公式到单元格 F5，得出判断结果。

第三步：计算静态投资回收期。按照公式"累计净现金流量开始出现正值的年数−1+上一年累计净现金流量的绝对值/出现正值年份的净现金流量"，在单元格 C6 中输入公式"=IF（C5=TRUE，C2−1+ABS（B4）/C3，0）"，并向右填充复制公式到单元格 F6，得到静态投资回收期为 2.5 年，如图 5-2 所示。

	A	B	C	D	E	F
1	静态投资回收期计算模型					单位：万元
2	年次	0	1	2	3	4
3	净现金流量	−800	400	300	200	100
4	累计净现金流量	−800	−400	−100	100	200
5	判断累计净现金流量是不是第一次转为正值		FALSE	FALSE	TRUE	FALSE
6	投资回收期/年		0	0	2.5	0

图 5-2　静态投资回收期计算结果

三、贴现指标的应用

贴现指标是指考虑资金时间价值因素的指标，主要包括净现值、现值指数、内含报酬率等。相应的投资决策方法称为贴现法。

（一）净现值

1. 净现值的计算方法

净现值是投资项目投入使用后的净现金流量按资金成本率或企业要求达到的报酬率折算为现值，减去初始投资的现值以后的余额。净现值法就是按净现值大小来评价投资方案优劣的一种方法。净现值大于 0，则投资方案可行，并且净现值越大，投资方案越优，投资效益越好。净现值的计算公式为

净现值=现金流入的现值-投资总额的现值

2. NPV 函数

功能：使用贴现率和一系列未来支出（负值）和收入（正值）来计算一项投资的净现值。

语法：NPV（rate，value1，[value2]，…）。

参数说明：

rate：必需，某一期间的贴现率。

value1，value2，…：value1 是必需的，后续值是可选的。这些是代表支出和收入的 1 到 254 个参数。这些参数在时间上必须具有相等间隔，并都发生在期末。

NPV 函数使用 value1，value2，…的顺序来说明现金流量的顺序。一定要按正确的顺序输入支出值和收入值。

NPV 函数会自动忽略以下类型的参数：空白单元格、逻辑值、数值的文本表示形式、错误值或不能转化为数值的文本。

如果参数是一个数组或引用，则只计算其中的数值。数组或引用中的空白单元格、逻辑值、文本或错误值将被忽略。

3. 案例分析

金腾集团计划购进一台价值 800 万元的设备用于更新改造项目，有效期为 3 年，经营期各年的税后净现金流量如图 5-3 所示。假定资金成本率为 9%，试分析该方案是否可行。

净现值计算题例

	A	B	C	D	E
1		净现值计算模型			单位：万元
2	年次	0	1	2	3
3	税后净现金流量	-800	400	300	300
4					

图 5-3　净现值计算题例

操作步骤如下：

第一步：建立"净现值计算模型"Excel 工作表，如图 5-4 所示。

第二步：在单元格 D4 中输入公式"＝NPV（B4，C3:E3）－ABS（B3）"，得到投资净现值为 51.13 万元，如图 5-4 所示。

	A	B	C	D	E
1		净现值计算模型		单位：万元	
2	年次	0	1	2	3
3	税后净现金流量	-800	400	300	300
4	资金成本率	9%	投资净现值	51.13	

图 5-4 净现值计算结果

由计算结果可知，投资净现值大于 0，该方案可行。

（二）现值指数

1. 现值指数的含义

现值指数又称获利指数，是指投资方案未来现金净流量总现值与原始投资额现值之比。现值指数法就是按现值指数大小来评价投资方案优劣的一种方法。现值指数大于 1，则投资方案可行，并且现值指数越大，投资方案越优。现值指数的计算公式为

$$现值指数＝未来现金净流量总现值/原始投资额现值$$

2. 案例分析

金腾集团现有甲、乙两个投资方案，相关资料如图 5-5 所示。请运用现值指数分析甲、乙两个方案。

	A	B	C	D	E	F	G
1		现值指数计算模型				单位：万元	
2		甲方案	乙方案				
3	原始投资额	300	350			利率	10%
4	年次	0	1	2	3	4	5
5	甲方案现金流量	-300	90	80	90	75	75
6	乙方案现金流量	-350	95	100	104	95	95

图 5-5 现值指数计算题例

操作步骤如下：

第一步：建立"现值指数计算模型"Excel 工作表，如图 5-6 所示。

第二步：计算甲、乙方案的未来净现值。在单元格 B7 中输入公式"＝NPV（G3，C5:G5）"，在单元格 C7 中输入公式"＝NPV（G3，C6:G6）"，计算结果分别是 313.35 万元和 371.02 万元，如图 5-6 所示。

第三步：计算甲、乙方案的现值指数。在单元格 B8 中输入公式"＝B7/B3"，在单元格 C8 中输入公式"＝C7/C3"，计算结果分别是 1.04 和 1.06，如图 5-6 所示。

	A	B	C	D	E	F	G
1	现值指数计算模型					单位：万元	
2		甲方案	乙方案				
3	原始投资额	300	350			利率	10%
4	年次	0	1	2	3	4	5
5	甲方案现金流量	-300	90	80	90	75	75
6	乙方案现金流量	-350	95	100	104	95	95
7	未来净现值	313.35	371.02				
8	现值指数	1.04	1.06				

图 5-6　现值指数计算结果

由计算结果可知，乙方案的现值指数大于甲方案的现值指数，所以应该选择乙方案。

（三）内含报酬率

1. 内含报酬率的含义

内含报酬率是指能够使未来现金流入现值等于未来现金流出现值的贴现率，或者说是能够使投资方案未来净现值为零的贴现率。内含报酬率法是根据内含报酬率大小来评价投资方案优劣的一种方法。内含报酬率大于资金成本率，则投资方案可行，并且内含报酬率越高，投资方案越优。

2. IRR 函数

功能：返回由值中的数字表示的一系列现金流的内含报酬率。这些现金流不必等同，因为它们可能作为年金。但是，现金流必须定期出现。内含报酬率是针对包含支出（负值）和收入（正值）的定期投资收到的利率。

语法：IRR（values，[guess]）。

参数说明：

values：必需，表示数组或对单元格的引用，这些单元格包含用来计算内含报酬率的数字。values 至少包含一个正值和一个负值，以计算返回的内含报酬率。

guess：可选，表示对 IRR 函数计算结果的估计值。

IRR 函数使用 values 的顺序来说明现金流量的顺序。用户一定要按自己需要的顺序输入支出值和收入值。

如果数组或引用包含文本、逻辑值或空白单元格，这些数值将被忽略。

Excel 使用迭代法计算 IRR 函数。从 guess 开始，IRR 函数不断修正计算结果，直至其精度小于 0.000 01%。如果 IRR 函数运算 20 次仍未找到结果，则返回错误值"#NUM!"。

多数情况下，不必为 IRR 函数计算提供 guess 值。如果省略 guess 值，则假定它为 0.1（10%）。

如果 IRR 函数返回错误值"#NUM!",或结果不接近用户预期的值,可用另一个 guess 值重试。

> **提示:** 内含报酬率函数 IRR 与净现值函数 NPV 密切相关。IRR 函数计算的报酬率是与零净现值对应的利率。

3. 案例分析

金腾集团现有甲、乙、丙三个投资方案,相关资料如图 5-7 所示。请运用内含报酬率分析甲、乙、丙三个方案。

	A	B	C	D	E	F	G
1		内含报酬率计算模型					单位: 万元
2		甲方案	乙方案	丙方案			
3	原始投资额	200	250	300			
4	年次	0	1	2	3	4	5
5	甲方案现金流量	-200	45	60	70	55	50
6	乙方案现金流量	-250	69	70	84	73	61
7	丙方案现金流量	-300	80	81	95	84	72

图 5-7 内含报酬率计算题例

操作步骤如下:

第一步:建立"内含报酬率计算模型"Excel 工作表,如图 5-8 所示。

第二步:计算甲、乙、丙方案的内含报酬率。在单元格 B8 中输入公式"=IRR(B5:G5)",在单元格 C8 中输入公式"=IRR(B6:G6)",在单元格 D8 中输入公式"=IRR(B7:G7)",计算结果分别是 12.23%、13.33%、11.71%,如图 5-8 所示。

	A	B	C	D	E	F	G
1		内含报酬率计算模型					单位: 万元
2		甲方案	乙方案	丙方案			
3	原始投资额	200	250	300			
4	年次	0	1	2	3	4	5
5	甲方案现金流量	-200	45	60	70	55	50
6	乙方案现金流量	-250	69	70	84	73	61
7	丙方案现金流量	-300	80	81	95	84	72
8	内含报酬率	12.23%	13.33%	11.71%			

图 5-8 内含报酬率计算结果

由计算结果可知,乙方案的内含报酬率最大,所以应该选择乙方案。

任务二　Excel 在固定资产投资中的应用

一、固定资产折旧

固定资产折旧是指在固定资产使用寿命内，按照确定的方法对应计折旧额进行系统分摊。使用寿命是指固定资产的预计寿命，或者固定资产所能生产产品或提供劳务的数量。应计折旧额是指应计提折旧的固定资产原值扣除其预计净残值后的金额。已计提减值准备的固定资产，还应扣除已计提的固定资产减值准备累计金额。

固定资产折旧形成折旧费用并计入各期成本，折旧费用高估，净利润就低估；反之，折旧费用低估，净利润就高估。就固定资产更新决策而言，它会对净利润产生影响，从而间接产生抵税效果，所以选择合适的折旧方法是进行固定资产投资分析的重要内容。

下面重点讨论利用 Excel 函数计算折旧额的几种方法。

（一）平均年限法

1. 平均年限法要点

平均年限法又称直线法或平均法，是指按固定资产的使用年限平均计提折旧的一种方法。它是最简单、最普遍的折旧方法。平均年限法的相关计算公式如下：

年折旧额＝（原值－预计净残值）/预计使用年限＝原值×年折旧率

年折旧率＝（1－预计净残值/原值）/预计使用年限

2. SLN 函数

功能：返回固定资产的每期线性折旧费。

语法：SLN（cost，salvage，life）。

参数说明：

cost：必需，表示固定资产原值。

salvage：必需，表示固定资产使用年限终了时的估计残值。

life：必需，表示固定资产的折旧期限（也称固定资产的使用寿命）。

3. 案例分析

金腾集团购置一台设备，价值 300 万元，预计使用年限为 6 年，预计净残值为 3 万元，请用平均年限法计算折旧。

操作步骤如下：

第一步：建立"平均年限法折旧计算模型"Excel 工作表，如图 5-9 所示。

平均年限法折旧计算题例

第二步：计算各年的折旧额。在单元格 B5 中输入公式"＝SLN（＄A＄3,＄B＄3,＄C＄3）"，并向下填充复制公式到单元格 B10。

第三步：计算累计折旧。在单元格 C5 中输入公式"＝B5"，在单元格 C6 中输入公式"＝C5+B6"，并向下填充复制公式到单元格 C10。

第四步：计算净残值。在单元格 B11 中输入公式"＝A3－C10"，求出净残值。计算结果如图 5-9 所示。

	A	B	C
1	平均年限法折旧计算模型		单位：元
2	固定资产原值	预计净残值	预计使用年限
3	3000000	30000	6
4	年限	计提折旧	累计折旧
5	1	495000	495000
6	2	495000	990000
7	3	495000	1485000
8	4	495000	1980000
9	5	495000	2475000
10	6	495000	2970000
11	净残值	30000	

图 5-9　平均年限法折旧计算结果

（二）年数总和法

1. 年数总和法要点

年数总和法又称年数比率法、级数递减法或年限合计法，是固定资产加速折旧法的一种。它是将固定资产原值减去其预计净残值后的净额乘以一个逐年递减的分数计算固定资产每年折旧额的一种方法。

逐年递减分数的分子代表固定资产尚可使用的年数；分母代表使用年数的逐年数字之总和，假定使用年数为 n 年，分母即为 $1+2+3+\cdots+n=n(n+1)/2$。

年数总和法的相关计算公式如下：

$$年折旧率＝尚可使用年数/年数总和×100\%$$

$$年折旧额＝(原值－预计净残值)×年折旧率$$

$$月折旧率＝年折旧率/12$$

$$月折旧额＝(原值－预计净残值)×月折旧率$$

2. SYD 函数

功能：返回在指定期间内固定资产按年数总和法计算的每期折旧金额。

语法：SYD（cost, salvage, life, per）。

参数说明：

cost：必需，表示固定资产原值。

salvage：必需，表示固定资产使用年限终了时的估计残值。

life：必需，表示固定资产的折旧期限（也称固定资产的使用寿命）。

per：必需，表示期间，必须与 life 使用相同的单位。

3. 案例分析

金腾集团购置一台设备，价值 200 万元，预计使用年限为 5 年，预计净残值为 2 万元，请用年数总和法计算折旧。

操作步骤如下：

第一步：建立"年数总和法折旧计算模型"Excel 工作表，如图 5-10 所示。

第二步：计算各年的折旧额。在单元格 B5 中输入公式"=SYD（$A$3，$B$3，$C$3，A5）"，并向下填充复制公式到单元格 B9。

第三步：计算累计折旧。在单元格 C5 中输入公式"=B5"，在单元格 C6 中输入公式"=C5+B6"，并向下填充复制公式到单元格 C9。

第五步：计算净残值。在单元格 B10 中输入公式"=A3−C9"，求出净残值。计算结果如图 5-10 所示。

	A	B	C
1	年数总和法折旧计算模型		单位：元
2	固定资产原值	预计净残值	预计使用年限
3	2000000	20000	5
4	年限	计提折旧	累计折旧
5	1	660000	660000
6	2	528000	1188000
7	3	396000	1584000
8	4	264000	1848000
9	5	132000	1980000
10	净残值	20000	

图 5-10　年数总和法折旧计算结果

（三）双倍余额递减法

1. 双倍余额递减法要点

双倍余额递减法是在固定资产使用年限最后两年的前面各年，用平均年限法折旧率的两倍作为固定的折旧率，乘以逐年递减的固定资产期初账面净值，得出各年应提折旧额的方法。在固定资产使用年限的最后两年改用平均年限法，将倒数第二年年初的固定资产账面净值扣除其预计净残值后的余额在这两年平均分摊。双倍余额递减法是固定资产加速折旧法的一种，它假设固定资产的服务潜力在前期消耗较大，在后期消耗较少，为此，在使用前期多提折旧，在使用后期少提折旧。

双倍余额递减法的相关计算公式如下：

年折旧率＝2/预计使用年限×100%

年折旧额＝固定资产期初账面净值×年折旧率

月折旧率=年折旧率/12

月折旧额=固定资产期初账面净值×月折旧率

固定资产期初账面净值=固定资产原值-累计折旧

最后两年：

每年折旧额=（固定资产原值-累计折旧-预计净残值）/2

2. DDB 函数

功能：用双倍余额递减法或其他指定方法，返回指定期间内某项固定资产的折旧值。

语法：DDB（cost，salvage，life，period，[factor]）。

参数说明：

cost：必需，表示固定资产原值。

salvage：必需，表示固定资产使用年限终了时的估计残值，该值可以是0。

life：必需，表示固定资产的折旧期限（也称固定资产的使用寿命）。

period：必需，表示期间，必须与life使用相同的单位。

factor：可选，表示余额递减速率。如果省略factor，则假定其值为2（双倍余额递减）。

> 提示：前期每年折旧额=（固定资产原值-累计折旧）×2/预计使用年限
> 最后两年改用平均年限法后，要考虑预计净残值。

3. 案例分析

金腾集团购置一台设备，价值200万元，预计使用年限为5年，预计净残值为2万元，请用双倍余额递减法计算折旧。

操作步骤如下：

第一步：建立"双倍余额递减法折旧计算模型"Excel工作表，如图5-11所示。

第二步：计算前三年的折旧额。在单元格B5中输入公式"=DDB（$A$3，$B$3，$C$3，A5）"，并向下填充复制公式到单元格B7。

第三步：计算前三年的累计折旧。在单元格C5中输入公式"=B5"，在单元格C6中输入公式"=C5+B6"，并向下填充复制公式到单元格C9。

第四步：用平均年限法计算最后两年的折旧额。在单元格B8中输入公式"=SLN（$A$3-$C$7，$B$3，2）"，并向下填充复制公式到单元格B9。

第五步：计算净残值。在单元格B10中输入公式"=A3-C9"，求出净残值。计算结果如图5-11所示。

Excel 在财会中的应用

	A	B	C
1	双倍余额递减法折旧计算模型		单位：元
2	固定资产原值	预计净残值	预计使用年限
3	2000000	20000	5
4	年限	计提折旧	累计折旧
5	1	800000	800000
6	2	480000	1280000
7	3	288000	1568000
8	4	206000	1774000
9	5	206000	1980000
10	净残值	20000	

图 5-11 双倍余额递减法折旧计算结果

二、固定资产更新决策

（一）固定资产更新决策的含义

固定资产更新决策是指决定继续使用旧设备还是购买新设备，如果购买新设备，旧设备将以市场价格出售。这种决策的基本思路是：将继续使用旧设备视为一个方案，将购买新设备、出售旧设备视为另一个方案，并将这两个方案作为一对互斥方案按一定的方法进行对比选优。如果前一方案优于后一方案，则不应更新改造，而应继续使用旧设备；否则，应购买新设备进行更新。

（二）固定资产更新决策的原因

固定资产更新决策的原因有两种：一是技术上的原因。原有旧设备发生故障或有损耗，继续使用有可能影响企业正常生产经营，或增加生产成本。二是经济上的原因。现代技术日新月异，市场上出现的新设备能大大提高生产效率，降低生产成本。虽然旧设备仍能使用，但使用起来不经济，导致企业竞争不过其他使用新设备的企业。

（三）案例分析

金腾集团现有一台旧设备，原值60万元，预计可以使用15年，现已使用6年，最终残值3万元，变现价值25万元，年运行成本12万元。现考虑对旧设备进行更新，新设备原值82万元，预计可以使用20年，最终残值5万元，年运行成本10万元，新、旧设备均按直线法折旧，要求的最低报酬率为10%，所得税税率为25%。请对是否更新旧设备做出决策。

思路：通过比较新、旧设备的年平均成本，选择其中较低者作为最佳方案。

操作步骤如下：

第一步：建立"固定资产更新投资决策计算模型"Excel工作表，如图5-12所示。

第二步：在单元格B11中输入公式"=SLN（B3，B6，B4）"，并向右填充复制公式到单元格C11，求得新、旧设备的年折旧额。

第三步：在单元格 B12 中输入公式"=B7-(B7-(B3-B11*B5))*B10"，并向右填充复制公式到单元格 C12，求得新、旧设备的投资净值。

第四步：在单元格 B13 中输入公式"=PV（B9，B4-B5，-B8*(1-B10)）"，并向右填充复制公式到单元格 C13，求得新、旧设备的税后付现成本净现值。

第五步：在单元格 B14 中输入公式"=PV（B9，B4-B5，B11*B10）"，并向右填充复制公式到单元格 C14，求得新、旧设备的折旧抵税额现值。

第六步：在单元格 B15 中输入公式"=-B6/(1+B9)^(B4-B5)"，并向右填充复制公式到单元格 C15，求得新、旧设备的最终残值现值。

第七步：在单元格 B16 中输入公式"=SUM（B12:B15）"，并向右填充复制公式到单元格 C16，求得新、旧设备的合计数。

第八步：在单元格 B17 中输入公式"=B16/PV（B9，B4-B5，-1）"，并向右填充复制公式到单元格 C17，求得新、旧设备的年平均成本。

	A	B	C
1	固定资产更新投资决策计算模型		单位：元
2	项目	旧设备	新设备
3	原值	600000	820000
4	预计使用年限/年	15	20
5	已经使用年限/年	6	0
6	最终残值	30000	50000
7	变现价值	250000	820000
8	年运行成本	120000	100000
9	最低报酬率	10%	10%
10	所得税税率	25%	25%
11	年折旧额	38000.00	38500.00
12	设备投资净值	280500.00	820000.00
13	税后付现成本净现值	518312.14	638517.28
14	折旧抵税额现值	-54710.73	-81943.05
15	最终残值现值	-12722.93	-7432.18
16	合计	731378.49	1369142.05
17	年平均成本	126996.96	160818.91

图 5-12　固定资产更新决策计算结果

由上述操作可知，旧设备的年平均成本为 126 996.96 元，新设备的年平均成本为 160 818.91 元，因此应该继续使用旧设备。

任务三　Excel 在股票投资中的应用

一、股票投资的含义

股票是股份制企业的,用以证明投资者的股东身份和权益,并据此分配股息和红利的凭证,属于资本市场上流通的一种有价证券。股票按不同的特点可分为不同的类别,如按票面是否标明金额可分为面值股票和无面值股票,按股东享有权利和承担风险的不同可分为普通股票和优先股票,等等。

股票投资是指投资者以购买股票的方式将资金投放于被投资企业的一种经济活动。

二、股票估价模型

(一) 股票估价的基本模型

1. 股票估价的含义

股票估价是通过一个特定技术指标与数学模型,估算出股票在未来一段时间的相对价格,也叫股票预期价格。

投资者投资股票,不但希望得到股利收入,还希望在未来出售股票时,从股票价格的上涨中获得收益。那么,股票的内在价值就等于持有期间所得股利的现值加最终转让该股票时转让价格的现值。

2. 计算公式

$$P_0 = \sum_{t=1}^{n} \frac{D_t}{(1+R_S)^t} + \frac{P_n}{(1+R_S)^n}$$

式中:P_0——股票内在价值;

　　　P_n——未来出售时预计的股票价格;

　　　R_S——投资者要求的收益率;

　　　D_t——第 t 期的预计股利;

　　　n——预计股票的持有期数。

(二) 长期持有、股利零增长的股票估价模型

1. 长期持有、股利零增长的股票估价的含义

长期持有、股利零增长的股票估价是指发行企业每年支付的每股股利额相等,也就是假设每年每股股利增长率为零。每股股利额表现为永续年金形式。

2. 计算公式

$$P_0 = \frac{D}{R_S}$$

式中：P_0——股票内在价值；

R_S——投资者要求的收益率；

D——预计每股股利。

3. 案例分析

金腾集团准备在公开市场上购买丙公司发行的股票，已知目前丙公司股票的市场价为 8 元，最近一期股息为 1.7 元，且预期保持稳定的股利支付金额。假定金腾集团要求的收益率为 10%，试判断金腾集团是否可以购买丙公司的股票。

操作步骤如下：

第一步：建立"股利零增长股票估价模型"Excel 工作表，如图 5-13 所示。

第二步：计算股票内在价值。在单元格 B5 中输入公式"＝B2/B3"。

第三步：计算股票净现值。在单元格 B6 中输入公式"＝B5－B4"。

第四步：计算内含报酬率。在单元格 B7 中输入公式"＝B2/B4"。

	A	B
1	股利零增长股票估价模型	单位：元
2	每股股息	1.7
3	收益率	10%
4	当前股价	8
5	内在价值	17
6	净现值	9
7	内含报酬率	21.25%
8	该股票价格被高估或低估	低估

图 5-13　股利零增长股票估价计算结果

第五步：判断该股票价格是被高估还是被低估。在单元格 B8 中输入公式"＝IF（B6＞0，"低估"，"高估"）"，计算结果是低估，如图 5-13 所示。

由以上计算可知，丙公司股票价格被低估，金腾集团可以进行这项投资。

（三）长期持有、股利固定增长的股票估价模型

1. 长期持有、股利固定增长的股票估价的含义

这类股票的估价有两个假设条件：一是股利按固定的年增长率增长；二是股利增长率总是低于投资者期望的增长率。股票的内在价值也是未来股利按投资者要求的收益率折成现值的总额。

2. 计算公式

$$P_0 = \frac{D_1}{R_S - g}$$

式中：P_0——股票内在价值；

D_1——第一年的股利；

g——固定增长率；

R_S——投资者要求的收益率。

3. 案例分析

金腾集团准备在公开市场上购买甲公司发行的股票，已知目前甲公司股票的市场价

为40元，当前每股股息为1.7元，预计股利增长率为7%。假定金腾集团要求的收益率为10%，试判断金腾集团是否可以购买甲公司的股票。

股利固定增长股票估价计算题例

操作步骤如下：

第一步：建立"股利固定增长股票估价模型"Excel工作表，如图5-14所示。

第二步：计算股票内在价值。在单元格B6中输入公式"=B2*(1+B3)/(B4-B3)"。

第三步：计算股票净现值。在单元格B7中输入公式"=B6-B5"。

第四步：计算内含报酬率。在单元格B8中输入公式"=B2*(1+B3)/B5+B3"。

第五步：判断该股票价格是被高估还是被低估。在单元格B9中输入公式"=IF(B7>0,"低估","高估")"，计算结果是低估，如图5-14所示。

	A	B
1	股利固定增长股票估价模型	单位：元
2	当前每股股息	1.7
3	股利增长率	7%
4	收益率	10%
5	当前股价	40
6	内在价值	60.63
7	净现值	20.63
8	内含报酬率	11.55%
9	该股票价格被高估或低估	低估

图5-14 股利固定增长股票估价计算结果

由以上计算可知，甲公司股票价格被低估，金腾集团可以进行这项投资。

（四）非固定增长的股票估价模型

1. 非固定增长的股票估价的含义

大多数企业股票的股利并不是固定不变或以固定比例增长的，而是处于不断变化之中，这种股票被称为非固定增长股票。

2. 计算步骤

这种股票由于在不同时期未来股利预期增长率不同，因此内在价值只能分段计算。首先，计算高速增长部分股利的现值；其次，计算固定增长部分股利的现值；最后，将两部分现值相加得到内在价值。

3. 案例分析

乙公司为一家非固定成长型公司，目前股价为20元，近期支付每股股利2元，预计前5年股利将以每年20%的增长率增长，而此后将维持每年6%的固定增长率。假定金腾集团市场投资组合必要报酬率为15%，试判断金腾集团是否可以购买乙公司的股票。

思路：在这种情况下，只有分段计算才能确定股票价值。

操作步骤如下：

第一步：建立"股利非固定增长股票估价模型"Excel工作表，如图5-15所示。

	A	B	C	D
1	股利非固定增长股票估价模型			单位：元
2	目前股价	20	年度	每年股利
3	前5年每年增长率	20%	0	2.00
4	第5年后每年固定增长率	6%	1	
5	市场投资组合必要报酬率	15%	2	
6	前5年股利的净现值		3	
7	第5年后的股票价值		4	
8	第5年后股票价值的现值		5	
9	乙公司预期股价现值		6	

图5-15 股利非固定增长股票估价计算题例

第二步：计算前5年非固定增长的股利。在单元格D4中输入公式"=D3*(1+$B$3)"，并向下填充复制公式到单元格D8。

第三步：计算前5年股利的净现值。在单元格B6中输入公式"=NPV(B5,D4：D8)"，计算结果为11.38元。

第四步：计算第6年的股利。在单元格D9中输入公式"=D8*(1+B4)"，计算结果为5.28元。

第五步：计算第5年后的股票价值。在单元格B7中输入公式"=D9/(B5-B4)"，计算结果为58.61元。

第六步：计算第5年后股票价值的现值。在单元格B8中输入公式"=PV(B5,5,,-B7)"，计算结果为29.14元。

第七步：计算乙公司预期股价现值。在单元格B9中输入公式"=B6+B8"，计算结果为40.52元，如图5-16所示。

	A	B	C	D
1	股利非固定增长股票估价模型			单位：元
2	目前股价	20	年度	每年股利
3	前5年每年增长率	20%	0	2.00
4	第5年后每年固定增长率	6%	1	2.40
5	市场投资组合必要报酬率	15%	2	2.88
6	前5年股利的净现值	11.38	3	3.46
7	第5年后的股票价值	58.61	4	4.15
8	第5年后股票价值的现值	29.14	5	4.98
9	乙公司预期股价现值	40.52	6	5.28

图5-16 股利非固定增长股票估价计算结果

Excel 在财会中的应用

由以上计算可知，由于乙公司当前的股票价格为 20 元，低于其价值 40.52 元，所以金腾集团目前可以购买乙公司的股票。

任务四　Excel 在债券投资中的应用

一、债券的含义与分类

债券是发行人直接向社会借债时所出具的债务凭证，反映了债券投资者与债券发行人之间的一种债权债务关系，也是一种有价证券。

债券按其发行主体的不同可分为政府债券、企业债券和金融债券三种。政府债券的发行主体是政府，它是指政府财政部门或其他代理机构为了筹集资金，以政府的名义发行的债券，主要包括国库券和公债两大类。一般国库券由财政部发行，用以弥补财政收支不平衡；公债是指为筹集建设资金而发行的一种债券。有时也将两者统称公债。企业债券，在我国亦称公司债券，是企业对外举债的债务凭证，它承诺在一定时期内按一定条件还本付息。金融债券是金融机构作为发行人而发行的债券，目的是通过举债筹借资金，解决信贷资金短缺问题。金融债券的利率一般高于同期银行储蓄存款的利率。

二、债券价值的计算公式

债券价值是指进行债券投资时投资者预期可获得的现金流入的现值。债券的现金流入主要包括利息和到期收回的本金或出售时获得的现金两部分。只有债券的购买价格低于债券价值，该债券才值得购买。债券价值的计算公式为

　　债券价值=未来各期利息收入的现值合计+未来到期本金或售价的现值

三、影响债券发行价格的基本因素

债券的发行价格是指债券原始投资者购入债券时应支付的市场价格，它与债券的面值可能一致，也可能不一致。理论上，债券的发行价格是债券的面值和要支付的年利息按发行当时的市场利率折现所得到的现值。

（一）债券面值

债券面值即债券票面上标出的金额，企业可以根据不同认购者的需要，将债券面值多样化，既有大额面值，也有小额面值。

（二）票面利率

票面利率可分为固定利率和浮动利率两种。一般地，企业应根据自身资信情况、承受能力、利率变化趋势、债券期限长短等决定选择何种利率形式与利率的高低。

（三）市场利率

市场利率是衡量债券票面利率高低的参照系，也是决定债券按面值发行还是溢价或折价发行的重要因素。

（四）债券期限

债券期限越长，债权人的风险越大，其所要求的利息报酬就越高，债券的发行价格就可能较低。

四、债券估价的基本方法

典型的债券有固定的票面利率、每年计算并支付利息、到期归还本金。在此情况下，债券价值按复利方式计算。

（一）债券价值模型

$$V = \sum_{t=1}^{n} \frac{F \times i}{(1+k)^t} + \frac{F}{(1+k)^n}$$

式中：V——债券价值；

i——债券的票面利率；

F——到期的本金；

k——贴现率，一般采用当时的市场利率或投资者要求的最低报酬率；

n——债券到期前的年数。

（二）PRICE 函数

功能：可以用于求解定期付息的面值 100 元的债券的现价。

语法：PRICE（settlement, maturity, rate, yld, redemption, frequency,［basis］）。

参数说明：

settlement：必需，表示债券的结算日。结算日在发行日之后，是债券卖给购买者的日期。

maturity：必需，表示债券的到期日。到期日是债券有效期截止时的日期。

rate：必需，表示债券的年票息率。

yld：必需，表示债券的年收益率。

redemption：必需，表示面值 100 元的债券的清偿价值。

frequency：必需，表示年付息次数。如果按年支付，frequency=1；如果按半年支付，frequency=2；如果按季支付，frequency=4。

basis：可选，表示要使用的日计数基准类型。

> 提示：Excel 可将日期存储为可用于计算的序列号。1900 年 1 月 1 日默认的序列号是 1，而 2008 年 1 月 1 日默认的序列号是 39448，这是因为它距 1900 年 1 月 1 日有 39 447 天。

结算日是购买者买入息票（如债券）的日期。到期日是息票有效期截止时的日期。例如，在 2008 年 1 月 1 日发行的 30 年期债券，6 个月后被购买者买走。发行日为 2008 年 1 月 1 日，结算日为 2008 年 7 月 1 日，而到期日是在发行日 2008 年 1 月 1 日的 30 年后，即 2038 年 1 月 1 日。

（三）案例分析

金腾集团计划于 2023 年 5 月 1 日购进甲公司同日发行的面值 100 元的债券 100 张，其票面利率为 8%，每年 5 月 1 日计算并支付一次利息，并于 5 年后的 4 月 30 日到期。假定购进时的市场利率为 10%，债券的市价是 90 元。请分析金腾集团是否可以购买该债券。

操作步骤如下：

第一步：建立"债券基本估价模型"Excel 工作表，如图 5-17 所示。

第二步：在相应单元格中输入已知数据。

第三步：计算每张债券的估价。在单元格 B10 中输入公式"＝PRICE（B3，B4，B5，B6，B7，B8，B9）"，计算结果为 92.42 元，如图 5-17 所示。

	A	B
1	债券基本估价模型	单位：元
2	参数	数据
3	发行日	2023/5/1
4	到期日	2028/4/30
5	票面利率	8%
6	收益率	10%
7	清偿价值	100
8	每年付息次数	1
9	以30/360为日计数基准	0
10	每张债券的估价	92.42

图 5-17 债券基本估价计算结果

由于债券的估价大于市价，如果不考虑风险问题，购买该债券是有利的，金腾集团可以购买该债券。

五、债券收益率的计算

（一）债券收益率要点

为了精确衡量债券收益，一般使用债券收益率这个指标。债券收益率是债券收益与其投入本金的比率，通常用年收益率来表示。债券收益不同于债券利息。债券利息仅指债券票面利率与债券面值的乘积。但由于人们在债券持有期内还可以在债券市场上买卖债券，以赚取差价，因此债券收益除了利息收入外，还包括买卖盈亏差价。

决定债券收益率的因素主要有债券的票面利率、期限、面值、持有时间、购买价格和出售价格。

(二) 最基本的债券收益率计算公式

债券收益率=(到期本息和−发行价格)/(发行价格×偿还期限)×100%

由于债券持有人可能在债券偿还期内转让债券，因此债券的收益率还可进一步分为债券出售者的收益率、债券购买者的收益率和债券持有期间的收益率。其计算公式如下：

债券出售者的收益率=(卖出价格−发行价格+持有期间的利息)/(发行价格×
持有年限)×100%

债券购买者的收益率=(到期本息和−买入价格)/(买入价格×剩余期限)×100%

债券持有期间的收益率=(卖出价格−买入价格+持有期间的利息)/
(买入价格×持有年限)×100%

(三) YIELD 函数

功能：返回定期支付利息的债券的收益。YIELD 函数用于计算债券收益率。

语法：YIELD（settlement，maturity，rate，pr，redemption，frequency，［basis］）。

参数说明：

settlement：必需，表示债券的结算日。结算日在发行日之后，是债券卖给购买者的日期。

maturity：必需，表示债券的到期日。到期日是债券有效期截止时的日期。

rate：必需，表示债券的年票息率。

pr：必需，表示面值 100 元的债券的现价。

redemption：必需，表示面值 100 元的债券的清偿价值。

frequency：必需，表示年付息次数。如果按年支付，frequency=1；如果按半年支付，frequency=2；如果按季支付，frequency=4。

basis：可选，表示要使用的日计数基准类型。

> **提示**：Excel 可将日期存储为可用于计算的序列号。结算日是购买者买入息票（如债券）的日期。

(四) 案例分析

甲公司于 2023 年 6 月 1 日发行面值为 100 元的债券，其票面利率为 6%，每年 1 月 1 日和 7 月 1 日计算并支付利息，期限为 7 年。目前，债券的市价是 95 元，请计算该债券的收益率。

操作步骤如下：

第一步：建立"债券收益率计算模型"Excel 工作表，如图 5-18 所示。

债券收益率
计算题例

第二步：在相应单元格中输入已知数据。

第三步：计算债券收益率。在单元格 B10 中输入公式"= YIELD（B3，B4，B5，B6，B7，B8，B9）"，计算结果为 6.91%，如图 5-18 所示。

图 5-18 债券收益率计算结果

由上述计算可知，该债券的收益率为 6.91%。

思考与练习

一、投资决策指标的应用

1. 金盛公司有一个投资方案，初始投资为 1 000 万元，期限为 3 年，每年年末的净现金流量如表 5-1 所示。请计算该方案的静态投资回收期。

表 5-1 静态投资回收期计算的基础资料 　　　　　　　单位：万元

年次	0	1	2	3
净现金流量	-1 000	400	300	300

2. 金盛公司计划购进一台价值 800 万元的设备用于更新改造项目，有效期为 6 年，资金成本率为 7%，经营期各年的税后净现金流量如表 5-2 所示。试分析该方案是否可行。

表 5-2 净现值计算的基础资料 　　　　　　　单位：万元

年次	0	1	2	3	4	5	6
税后净现金流量	-800	250	200	250	100	100	100

3. 金盛公司现有 A、B、C、D 四个投资方案，相关资料如表 5-3 所示。请运用内含报酬率分析 A、B、C、D 四个投资方案哪个最佳。

表 5-3 内含报酬率计算的基础资料   单位：万元

	A方案	B方案	C方案	D方案	
初始投资额	400	550	350	500	
年次	0	1	2	3	4
A方案现金流量	-400	120	100	130	120
B方案现金流量	-550	150	150	160	145
C方案现金流量	-350	100	100	110	95
D方案现金流量	-500	140	150	160	155

二、固定资产投资分析

金盛公司 2023 年 5 月购置一台设备并安装使用，价值 500 万元，预计使用年限为 8 年，预计净残值为 15.5 万元。请分别用平均年限法、年数总和法、双倍余额递减法计算并提取折旧，分析不同的折旧方法对当年损益的影响。

三、股票投资分析

1. 金盛公司计划在公开市场上购买 A 公司的股票，已知目前 A 公司股票的市场价为 10 元，最近一期股息为 0.7 元，且预期保持稳定的股利支付金额。假定金盛公司要求的收益率为 6%，试判断金盛公司是否可以购买 A 公司的股票。

2. 金盛公司计划在公开市场上购买 B 公司的股票，已知目前 B 公司股票的市场价为 26 元，当前每股股息为 1.5 元，预计股利增长率为 6%。假定金盛公司要求的收益率为 8%，试判断金盛公司是否可以购买 B 公司的股票。

四、债券投资分析

金盛公司计划于 2023 年 1 月 1 日购进甲公司同日发行的面值 100 元的债券 100 张，其票面利率为 8%，每年 1 月 1 日计算并支付一次利息，并于 6 年后的 1 月 1 日到期。假定购进时的市场利率为 8%，债券的市价是 98 元，请分析金盛公司是否可以购买该债券。

项目六

Excel 在会计凭证中的应用

👉 学习目的

学会利用 Excel 编制会计凭证，包括收款凭证、付款凭证和转账凭证，并能够基于现有会计凭证编制会计凭证表。对于当下大部分企业而言，利用 Excel 编制会计凭证有利于节约成本，提高会计工作效率与会计凭证中数据的准确性。

会计凭证是记录经济业务发生和完成情况的书面证明，是登记账簿的依据。填制和审核会计凭证是会计核算方法之一，也是会计工作的起点和关键。任何企业、行政事业单位在处理经济业务时都必须办理会计凭证手续，由执行和完成该项经济业务的有关部门和人员取得或填制会计凭证，记录经济业务的内容、数量和金额，并在会计凭证上签名和盖章，对经济业务的合法性、真实性和正确性负完全责任。

👉 案例背景

本项目给出全盛机械有限公司的基本会计资料（表 6-1）及 2023 年 12 月发生的经济业务。请就这些内容利用 Excel 编制会计凭证。

（1）企业名称：全盛机械有限公司（简称"全盛公司"）。

（2）地址：江苏省无锡市安镇新北路 88 号。

（3）税号：320213000157962。

（4）启用会计期：2023 年 1 月 1 日。

（5）企业类型：工业企业。

（6）企业的主要产品：钢制货架、木制货架。

（7）增值税税率为 13%，所得税税率为 25%。

表 6-1 会计科目表

科目编号	科目名称	科目编号	科目名称
一、资产类		2241	其他应付款
1001	库存现金	2501	长期借款
1002	银行存款	2502	应付债券
1101	交易性金融资产	三、所有者权益类	
1121	应收票据	4001	实收资本
1122	应收账款	4002	资本公积
1123	预付账款	4101	盈余公积
1221	其他应收款	4103	本年利润
1231	坏账准备	4104	利润分配
1402	在途物资	四、成本类	
1403	原材料	5001	生产成本
1405	库存商品	5101	制造费用
1471	存货跌价准备	五、损益类	
1511	长期股权投资	6001	主营业务收入
1601	固定资产	6051	其他业务收入
1602	累计折旧	6111	投资收益
1604	在建工程	6301	营业外收入
1701	无形资产	6401	主营业务成本
1801	长期待摊费用	6402	其他业务成本
1901	待处理财产损溢	6403	税金及附加
二、负债类		6601	销售费用
2001	短期借款	6602	管理费用
2201	应付票据	6603	财务费用
2202	应付账款	6702	信用减值损失
2203	预收账款	6711	营业外支出
2211	应付职工薪酬	6801	所得税费用
2221	应交税费	6901	以前年度损益调整
2231	应付利息		

任务一　Excel 在收款凭证中的应用

一、收款凭证的含义

收款凭证是指用于记录库存现金和银行存款收款业务的会计凭证。它根据有关库存现金和银行存款收入业务的原始凭证填制，是登记库存现金日记账、银行存款日记账及相关明细分类账和总分类账等账簿的依据。

二、案例分析

（一）案例资料

全盛公司 2023 年 12 月发生收款业务如下：

（1）4 日，销售一批木制货架给长江公司，货款为 100 000 元，增值税税率为 13%，收到的支票已存入银行。

（2）13 日，员工王杰出差回来报销差旅费 2 700 元，并将余款 300 元退回财务部门。

（二）相关会计分录

（1）借：银行存款　　　　　　　　　　　　　　　　　　113 000
　　　　贷：主营业务收入——木制货架　　　　　　　　　100 000
　　　　　　应交税费——应交增值税（销项税额）　　　　　13 000
（2）借：管理费用　　　　　　　　　　　　　　　　　　　2 700
　　　　库存现金　　　　　　　　　　　　　　　　　　　　300
　　　　贷：其他应收款——王杰　　　　　　　　　　　　　3 000

三、在 Excel 中编制收款凭证的步骤

第一步：新建工作簿，在 Sheet1 工作表中输入文本，并将其重命名为"收款凭证"，如图 6-1 所示。

第二步：选中单元格 A1 到 F1 区域，单击【开始】选项卡下【对齐方式】组中的【合并后居中】按钮，并调整第一行文本（14 号宋体并加粗显示）。

第三步：选中单元格 A3 到 F10 区域的同时右击，在弹出的快捷菜单中选择【设置单元格格式】选项。在弹出的【设置单元格格式】对话框中选择【边框】标签，在【边框】标签下单击【外边框】和【内部】，如图 6-2 所示。

收款凭证编制

项目六　Excel 在会计凭证中的应用

	A	B	C	D	E	F	G
1			收款凭证				
2	年 月 日				收字第 号		
3	会计科目			摘要	借方金额	贷方金额	
4	科目编号	总账科目	明细科目				
5							
6							
7							
8							
9							
10							
11	会计主管		记账	出纳	审核	制单	
12							
13							
14							

图 6-1　凭证文本输入

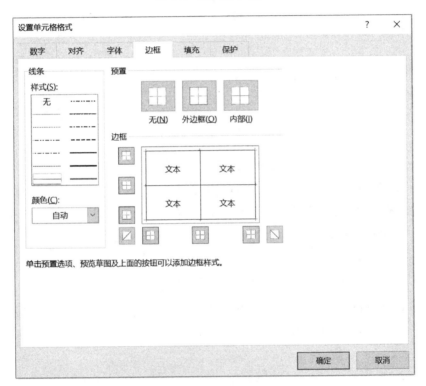

图 6-2　边框设置

第四步：在 A 列的左侧插入一个空白列，选择【文件】选项卡下的【选项】选项，打开【Excel 选项】对话框。选择左侧的【高级】选项，下拉右侧滚动条到【此工作表的显示选项】部分，其中第七个项目是【显示网格线】，如图 6-3 所示。在默认状态下，此项目是被选中的。单击【显示网格线】前的复选框取消选中状态，然后单击右下角的【确定】按钮，就可以在此工作表中不显示网格线。

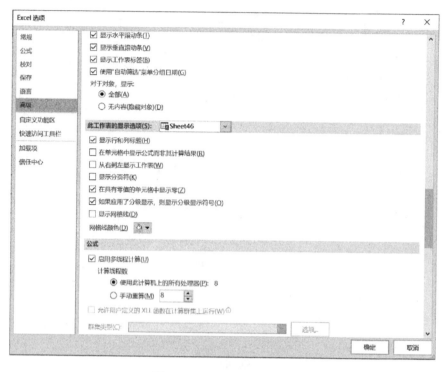

图 6-3　不显示网格线设置

第五步：将会计分录分别填入收款凭证中，以收款业务（1）对应的会计分录为例：

（1）将编制日期"2023/12/31"填入单元格 B2 中。

（2）将总账科目"银行存款""主营业务收入""应交税费"分别填入单元格 C5、C6、C7 中，并根据表 6-1 填入对应的科目编号，将明细科目"应交增值税"填入单元格 D7 中。

（3）将摘要"销售木制货架"填入 E 列单元格中。

（4）将借方金额"113 000.00"填入单元格 F5 中，将贷方金额"100 000.00""13 000.00"分别填入单元格 G6、G7 中。结果如图 6-4 所示。

	A	B	C	D	E	F	G	H
1				收款凭证				
2		2023年12月31日				收字第1号		
3			会计科目					
4		科目编号	总账科目	明细科目	摘要	借方金额	贷方金额	
5		1002	银行存款		销售木制货架	113 000.00		
6		6001	主营业务收入		销售木制货架		100 000.00	
7		2221	应交税费	应交增值税	销售木制货架		13 000.00	
8								
9								
10								
11		会计主管			记账	出纳	审核	制单
12								

图 6-4　收款凭证样式

任务二　Excel 在付款凭证中的应用

一、付款凭证的含义

付款凭证是指用于记录库存现金和银行存款付款业务的会计凭证。它根据有关库存现金和银行存款支付业务的原始凭证填制,也是登记库存现金日记账、银行存款日记账及相关明细分类账和总分类账等账簿的依据。

二、案例分析

(一) 案例资料

全盛公司 2023 年 12 月发生付款业务如下:

(1) 1 日,提取备用金 2 000 元。

(2) 1 日,以现金购买转账支票共计 50 元。

(3) 2 日,用支票偿还之前欠万佳公司的货款 27 000 元。

(4) 2 日,采购员用现金购买办公用品 600 元。

(5) 4 日,从兴宏公司购入镁合金 1 000 千克,单价为 32.2 元/千克,货款共计 32 200 元,增值税税额为 4 186 元,款项已用支票支付,材料已验收入库。

(6) 4 日,缴纳上月未交增值税 8 907.73 元、城市维护建设税 625 元和教育费附加 267.27 元。

(7) 5 日,员工王杰出差预借差旅费 3 000 元。

(8) 8 日,由银行支付本月生产车间水费 800 元。

(9) 10 日,签发现金支票,提取本月工资 50 000 元。

(10) 10 日,发放本月工资 50 000 元。

(11) 12 日,行政部门用现金支付招待费 590 元。

(12) 12 日,员工杨阳报销医药费 250 元。

(13) 13 日,用银行存款支付本月电费 3 500 元,其中厂部用电 1 000 元、车间用电 2 500 元。

(14) 18 日,用银行存款支付本月电话费 1 000 元。

(15) 20 日,用银行存款支付第四季度借款利息 2 800 元。

(16) 26 日,厂部报销汽车加油费 800 元。

(二) 相关会计分录

(1) 借:其他应收款——备用金　　　　　　　　　　　　　　　　2 000

贷：银行存款	2 000
（2）借：管理费用	50
贷：库存现金	50
（3）借：应付账款——万佳公司	27 000
贷：银行存款	27 000
（4）借：管理费用	600
贷：库存现金	600
（5）借：原材料——镁合金	32 200
应交税费——应交增值税（进项税额）	4 186
贷：银行存款	36 386
（6）借：应交税费——未交增值税	8 907.73
——应交城市维护建设税	625
——应交教育费附加	267.27
贷：银行存款	9 800
（7）借：其他应收款——王杰	3 000
贷：银行存款	3 000
（8）借：制造费用	800
贷：银行存款	800
（9）借：库存现金	50 000
贷：银行存款	50 000
（10）借：应付职工薪酬——工资	50 000
贷：库存现金	50 000
（11）借：管理费用	590
贷：库存现金	590
（12）借：应付职工薪酬——职工福利费	250
贷：库存现金	250
（13）借：管理费用	1 000
制造费用	2 500
贷：银行存款	3 500
（14）借：管理费用	1 000
贷：银行存款	1 000
（15）借：应付利息	2 800
贷：银行存款	2 800

（16）借：管理费用　　　　　　　　　　　　　　　　　　　　　　800
　　　　贷：库存现金　　　　　　　　　　　　　　　　　　　　　　　800

三、在 Excel 中编制付款凭证的步骤

第一步：新建工作簿，在 Sheet1 工作表中输入文本，并将其重命名为"付款凭证"。
第二步至第四步的操作同"收款凭证"。

第五步：将会计分录分别填入付款凭证中，以付款业务（1）对应的会计分录为例：

（1）将编制日期"2023/12/31"填入单元格 B2 中。

（2）将总账科目"其他应收款""银行存款"分别填入单元格 C5、C6 中，并根据表 6-1 填入对应的科目编号，将明细科目"备用金"填入单元格 D5 中。

（3）将摘要"提取备用金"填入 E 列单元格中。

（4）将借方金额"2 000.00"填入单元格 F5 中，将贷方金额"2 000.00"填入单元格 G6 中。结果如图 6-5 所示。

付款凭证编制

图 6-5　付款凭证样式

任务三　Excel 在转账凭证中的应用

一、转账凭证的含义

转账凭证是指用于记录不涉及库存现金和银行存款业务的会计凭证。它根据有关转账业务的原始凭证填制，是登记总分类账及相关明细分类账的依据。

二、案例分析

（一）案例资料

全盛公司 2023 年 12 月发生转账业务如下：

（1）3日，车间领用甲材料1 000千克，每千克15元，用于钢条的生产。

（2）6日，车间领用乙材料100千克，每千克20元，用于一般耗费。

（3）7日，从星月公司购入乙材料300千克，每千克20元，款项尚未支付，材料已验收入库。

（4）9日，车间领用乙材料1 500千克，每千克20元，用于木制货架的生产。

（5）11日，销售钢条和木制货架各一批给广信公司，钢条货款为24 000元，货款尚未收到，木制货架货款为100 000元，货款已入账。

（6）14日，预提本月借款利息800元。

（7）15日，销售原材料1 500千克给华龙公司，每千克19元，共计28 500元，冲销预收账款8 000元，其余收转账支票。同时结转原材料的销售成本22 800元。

（8）22日，计提本月折旧，其中车间12 000元、厂部6 000元。

（9）31日，分配本月工资，其中生产钢条的工人工资20 000元、生产木制货架的工人工资10 000元、车间管理人员工资6 000元、厂部人员工资10 900元。

（10）31日，按工资总额的14%计提职工福利费。

（11）31日，摊销本月车间修理费用800元。

（12）31日，年终盘点，盘亏一台全新的生产设备，同类固定资产市场价格为7 000元。

（13）31日，年终盘点，盘亏甲材料100千克，金额为1 500元，应负担的增值税税额为195元。

（14）31日，盘点结果经领导审批后，盘亏的生产设备7 000元计入营业外支出，盘亏的甲材料1 695元计入营业外支出。

（15）31日，结转本月制造费用，按工人工资比例分配。

（16）31日，结转本月完工钢条、木制货架的产品成本（假设期初和本月没有在产品）。

（17）31日，计提本月城市维护建设税、教育费附加。

（18）31日，按年末应收账款余额的万分之五计提坏账准备。

（19）31日，结转本月销售成本。其中，钢条500根，每根16元；木制货架800件，每件12元。

（20）31日，结转本月各项收入与收益。

（21）31日，结转本月各项成本、费用与支出。

（22）31日，计算并结转本月所得税费用（本年纳税调整项目有：实际发放工资超过计税工资2 000元，盘亏的甲材料1 695元税务部门不允许税前扣除）。所得税费用采用应付税款法计算。

（23）31日，将本年净利润转入利润分配科目。

（24）31 日，按净利润的 10% 计提法定盈余公积。

（25）31 日，按净利润的 10% 计提公益金。

（二）相关会计分录

（1）借：生产成本——钢条		15 000
贷：原材料——甲材料		15 000
（2）借：制造费用		2 000
贷：原材料——乙材料		2 000
（3）借：原材料——乙材料		6 000
应交税费——应交增值税（进项税额）		780
贷：应付账款——星月公司		6 780
（4）借：生产成本——木制货架		30 000
贷：原材料——乙材料		30 000
（5）借：应收账款——广信公司		27 120
贷：主营业务收入——钢条		24 000
应交税费——应交增值税（销项税额）		3 120
借：银行存款		113 000
贷：主营业务收入——木制货架		100 000
应交税费——应交增值税（销项税额）		13 000
（6）借：财务费用		800
贷：应付利息		800
（7）借：预收账款——华龙公司		8 000
银行存款		24 205
贷：其他业务收入		28 500
应交税费——应交增值税（销项税额）		3 705
借：其他业务成本		22 800
贷：原材料		22 800
（8）借：制造费用		12 000
管理费用		6 000
贷：累计折旧		18 000
（9）借：生产成本——钢条		20 000
——木制货架		10 000
制造费用		6 000
管理费用		10 900
贷：应付职工薪酬——工资		46 900

(10) 借：生产成本——钢条　　　　　　　　　　　　　　2 800
　　　　　　　——木制货架　　　　　　　　　　　　1 400
　　　　制造费用　　　　　　　　　　　　　　　　　　840
　　　　管理费用　　　　　　　　　　　　　　　　　1 526
　　　贷：应付职工薪酬——职工福利费　　　　　　　　6 566
(11) 借：制造费用　　　　　　　　　　　　　　　　　　800
　　　贷：长期待摊费用　　　　　　　　　　　　　　　　800
(12) 借：待处理财产损溢——待处理固定资产损溢　　　7 000
　　　贷：固定资产　　　　　　　　　　　　　　　　7 000
(13) 借：待处理财产损溢——待处理流动资产损溢　　　1 695
　　　贷：原材料——甲材料　　　　　　　　　　　　1 500
　　　　　应交税费——应交增值税（进项税额转出）　　195
(14) 借：营业外支出　　　　　　　　　　　　　　　　8 695
　　　贷：待处理财产损溢——待处理固定资产损溢　　7 000
　　　　　　　　　　　　——待处理流动资产损溢　　1 695
(15) 借：生产成本——钢条　　　　　　　　　　　　16 626.67
　　　　　　　——木制货架　　　　　　　　　　　8 313.33
　　　贷：制造费用　　　　　　　　　　　　　　　24 940
(16) 借：库存商品——钢条　　　　　　　　　　　　54 426.67
　　　　　　　——木制货架　　　　　　　　　　　49 713.33
　　　贷：生产成本——钢条　　　　　　　　　　　54 426.67
　　　　　　　　　——木制货架　　　　　　　　　49 713.33
(17) 借：税金及附加　　　　　　　　　　　　　　　1 454.90
　　　贷：应交税费——应交城市维护建设税　　　　1 018.43
　　　　　　　　　——应交教育费附加　　　　　　　436.47
(18) 借：信用减值损失　　　　　　　　　　　　　　　13.56
　　　贷：坏账准备　　　　　　　　　　　　　　　　　13.56
(19) 借：主营业务成本——钢条　　　　　　　　　　　8 000
　　　　　　　　　　——木制货架　　　　　　　　　9 600
　　　贷：库存商品——钢条　　　　　　　　　　　　8 000
　　　　　　　　　——木制货架　　　　　　　　　　9 600
(20) 借：主营业务收入——钢条　　　　　　　　　　24 000
　　　　　　　　　　——木制货架　　　　　　　　200 000
　　　贷：本年利润　　　　　　　　　　　　　　　224 000

（21）借：本年利润		53 729.46
贷：主营业务成本——钢条		8 000
——木制货架		9 600
财务费用		800
管理费用		25 166
信用减值损失		13.56
营业外支出		8 695
税金及附加		1 454.90
（22）借：所得税费用		43 491.39
贷：应交税费——应交所得税		43 491.39
借：本年利润		43 491.39
贷：所得税费用		43 491.39
（23）借：本年利润		126 779.15
贷：利润分配——未分配利润		126 779.15
（24）借：利润分配——提取法定盈余公积		12 677.92
贷：盈余公积——法定盈余公积		12 677.92
借：利润分配——未分配利润		12 677.92
贷：利润分配——提取法定盈余公积		12 677.92
（25）借：利润分配——提取法定公益金		12 677.92
贷：盈余公积——法定公益金		12 677.92

三、在 Excel 中编制转账凭证的步骤

第一步：新建工作簿，在 Sheet1 工作表中输入文本，并将其重命名为"转账凭证"。

第二步至第四步的操作同"收款凭证"。

第五步：将会计分录分别填入转账凭证中，以转账业务（1）对应的会计分录为例：

转账凭证编制

（1）将编制日期"2023/12/31"填入单元格 B2 中。

（2）将总账科目"生产成本""原材料"分别填入单元格 C5、C6 中，并根据表 6-1 填入对应的科目编号，将明细科目"钢条""甲材料"分别填入单元格 D5、D6 中。

（3）将摘要"钢条生产"填入 E 列单元格中。

（4）将借方金额"15 000.00"填入单元格 F5 中，将贷方金额"15 000.00"填入单元格 G6 中。结果如图 6-6 所示。

Excel 在财会中的应用

	A	B	C	D	E	F	G	H
1				转账凭证				
2		2023年12月31日					转字第1号	
3			会计科目		摘要	借方金额	贷方金额	
4		科目编号	总账科目	明细科目				
5		5001	生产成本	钢条	钢条生产	15 000.00		
6		1403	原材料	甲材料	钢条生产		15 000.00	
7								
8								
9								
10								
11		会计主管		记账	出纳	审核	制单	
12								

图 6-6 转账凭证样式

任务四　Excel 在会计凭证中的综合应用

鉴于会计凭证表由收款凭证、付款凭证、转账凭证组成，为了提高会计工作效率，可以在合并单元格 B1 中设置数据有效性，通过下拉菜单选择这三类凭证，如果直接输入错误，将提示出错信息。操作步骤如下：

数据有效性设置

第一步：单击合并单元格 B1，然后单击【数据】选项卡下【数据工具】组中的【数据验证】按钮，弹出【数据验证】对话框，如图 6-7 所示。

图 6-7 【数据验证】选项

第二步：单击【设置】标签卡，在【允许】下拉框中选择【序列】选项，在【来源】文本框中输入"收款凭证,付款凭证,转账凭证"（注意文本中逗号需要在英文状态下输入），如图 6-8 所示。单击【确定】按钮，这样在合并单元格 B1 的右侧就会出现一个选择按钮，单击该按钮，弹出下拉菜单，可以根据需要选择合适类型的凭证。

第三步：选择【文件】选项卡下的【另存为】选项，将该工作簿命名为"项目六-会计凭证表"后保存在适当的位置。

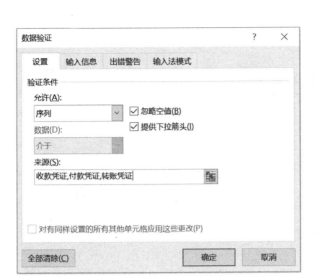

图 6-8 【数据验证】对话框

以上是利用 Excel 对财务软件中会计凭证的结构进行设置，该结构的会计凭证美观易读，适合打印出来装订成册。

任务五　Excel 在会计凭证表中的应用

仅仅编制收款凭证、付款凭证和转账凭证还不足以完成整个会计工作过程，一般需要从会计凭证数据库中汇总、计算出各总账科目的本期发生额，用于编制科目余额表，最后形成资产负债表、利润表。因此，我们需要建立一张“会计凭证表”，把每一张会计凭证所显示的经济业务的基本信息都包括在内。这些基本信息包括年、月、日、序号、凭证编号、摘要、科目编号、总账科目、明细科目、借方金额、贷方金额等，如图 6-9 所示。

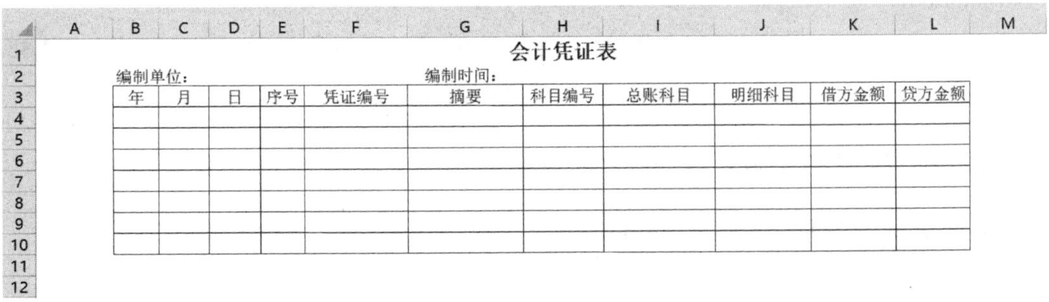

会计凭证表

编制单位：　　　　编制时间：

年	月	日	序号	凭证编号	摘要	科目编号	总账科目	明细科目	借方金额	贷方金额

图 6-9　会计凭证表样式

一、相关函数应用

（一）CONCATENATE 函数

功能：用于将多个文本字符串合并成一个。

语法：CONCATENATE（text1，[text2]，…）。

参数说明：

text1：必需，表示第 1 个要合并的文本字符串。

text2，…：可选，表示第 2—255 个要合并的文本字符串。

> 提示：CONCATENATE 函数的参数可以是字符串、数字或对单个单元格的引用。

（二）IF 函数

功能：根据对指定条件的逻辑判断的真假结果，返回相对应的内容。

语法：IF（logical_test，[value_if_true]，[value_if_false]）。

参数说明：

logical_test：必需，进行判断的条件。

value_if_true：可选，条件判断结果为 TRUE 时返回的结果。

value_if_false：可选，条件判断结果为 FALSE 时返回的结果。

（三）VLOOKUP 函数

功能：搜索表区域首列满足条件的元素，确定待检索单元格在区域中的行序号，再进一步返回选定单元格的值。

语法：VLOOKUP（lookup_value，table_array，col_index_num，[range_lookup]）。

参数说明：

lookup_value：必需，表示需要查找的值，可以是数值、引用或字符串。

table_array：必需，表示需要查找的区域，可以是对区域或区域名称的引用。

col_index_num：必需，表示满足条件的单元格在查找区域中的列序号。

range_lookup：可选，指定在查找时是精确匹配，还是大致匹配。如果为 FALSE，是大致匹配；如果为 TRUE 或省略，是精确匹配。

二、在 Excel 中编制会计科目表的步骤

在编制会计凭证表之前，需要先编制一张会计科目表，如图 6-10 所示。

第一步：打开"项目六-会计凭证表"工作簿，将 Sheet2 工作表重命名为"会计科目表"。

第二步：根据"案例背景"中的表 6-1，自单元格 A3 起，依次输入科目编号及相应的科目名称。

第三步：合并单元格 A1、B1，将合并单元格中的文本"全盛公司会计科目表"设置为 14 号宋体并加粗，将单元格 A2、B2 中的文本设置为 12 号宋体并加粗，调整 A 列与 B 列的列宽，使这些文本能够被包括在 A 列与 B 列中。

第四步：选中 A 列，单击【开始】选项卡下【对齐方式】组中的【居中】按钮，A 列中所有文本均居中显示，用同样的方法让 B 列中的文本全部居中显示。

第五步：选中单元格 A2 到 B52 区域的同时右击，在弹出的快捷菜单中选择【设置单元格格式】选项。在弹出的【设置单元格格式】对话框中选择【边框】标签，在【边框】标签下单击【外边框】和【内部】，那么所选择的区域即被加上边框。

	A	B
1	全盛公司会计科目表	
2	科目编号	科目名称
3	1001	库存现金
4	1002	银行存款
5	1101	交易性金融资产
6	1121	应收票据
7	1122	应收账款
8	1123	预付账款
9	1221	其他应收款
10	1231	坏账准备
11	1402	在途物资
12	1403	原材料
13	1405	库存商品
14	1471	存货跌价准备
15	1511	长期股权投资
16	1601	固定资产
17	1602	累计折旧
18	1604	在建工程

图 6-10　会计科目表

第六步：单击【文件】选项卡下的【保存】按钮。

三、会计凭证表的编制步骤

第一步：建立"全盛公司会计凭证表"，并填制凭证编号。

（1）打开"项目六-会计凭证表"工作簿，将 Sheet3 工作表重命名为"会计凭证表"。

（2）输入第一笔经济业务的会计分录：分别在单元格 B4、C4、D4、E4 中输入"2023""12""01""01"。

会计凭证表编制

（3）双击单元格 F4，使其变为编辑状态后输入"="，然后单击【公式】选项卡下【函数库】组中的【插入函数】按钮，在弹出的【插入函数】对话框中的【或选择类别】下拉框中选择【文本】选项，在下面的【选择函数】列表框中选择【CONCATENATE】函数，如图 6-11 所示，单击【确定】按钮。

（4）弹出【函数参数】对话框，在【Text1】文本框中输入单元格引用"B4"，在【Text2】文本框中输入单元格引用"C4"，在【Text3】文本框中输入单元格引用"D4"，在【Text4】文本框中输入单元格引用"E4"，单击【确定】按钮，如图 6-12 所示。

（5）将光标移至单元格 F4 的右下角，当光标变为实心的十字时，单击左键的同时向下拖动，这时 F 列的其他单元格即填充了单元格 F4 中的公式。

图 6-11　插入 CONCATENATE 函数

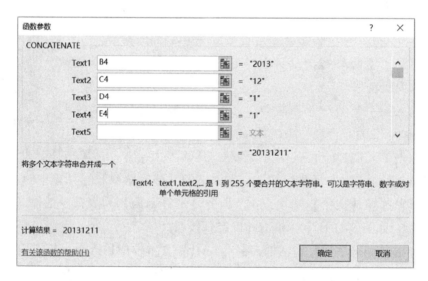

图 6-12　CONCATENATE 函数参数对话框中的参数设置

第二步：填制会计科目。

（1）在单元格 G4 中输入第一笔经济业务的摘要"提取备用金"，单击工作表标签切换至"会计科目表"，选择【视图】选项卡下【窗口】组中的【新建窗口】选项，Excel 又打开一个与"项目六-会计凭证表"一样的工作簿。将左边的工作簿命名为"项目六-会计凭证表1"，将右边的工作簿命名为"项目六-会计凭证表2"。

（2）在工作簿"项目六-会计凭证表1"中，单击【视图】选项卡下【窗口】组中的【全部重排】按钮，在弹出的【重排窗口】对话框中选择【垂直并排】选项，单击【确定】按钮，如图 6-13 所示。

（3）将光标移至工作簿“项目六-会计凭证表 2”，单击工作表标签【会计凭证表】，即可在一个显示屏上同时显示同一工作簿中不同工作表的内容，如图 6-14 所示。

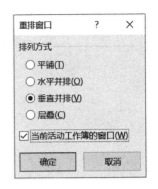

例如，有一笔会计分录是“借：其他应收款——备用金 2 000”，我们通过在工作簿“项目六-会计凭证表 1”中的“会计科目表”中找到会计科目“其他应收款”的科目编号为“1221”，并将其输入单元格 H4 中，如图 6-15 所示。

图 6-13　【重排窗口】对话框

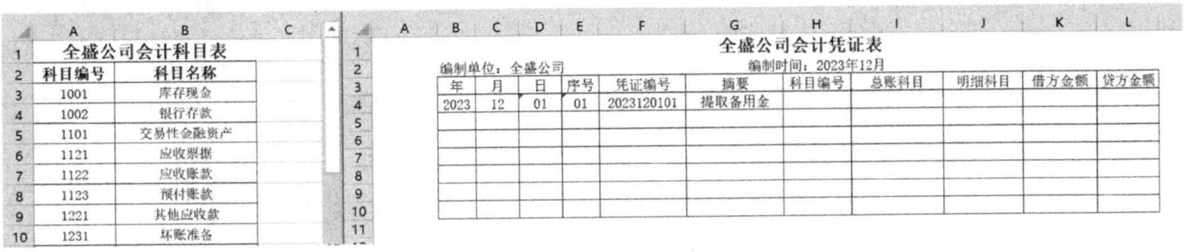

	A	B	C
1	全盛公司会计科目表		
2	科目编号	科目名称	
3	1001	库存现金	
4	1002	银行存款	
5	1101	交易性金融资产	
6	1121	应收票据	
7	1122	应收账款	
8	1123	预付账款	
9	1221	其他应收款	
10	1231	坏账准备	

	A	B	C	D	E	F	G	H	I	J	K	L
1							全盛公司会计凭证表					
2		编制单位：全盛公司					编制时间：2023年12月					
3		年	月	日	序号	凭证编号	摘要	科目编号	总账科目	明细科目	借方金额	贷方金额
4		2023	12	01	01	2023120101	提取备用金					

图 6-14　重排窗口

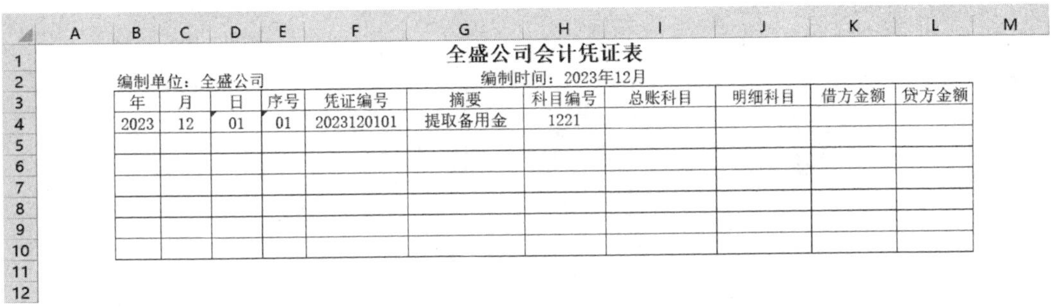

	A	B	C	D	E	F	G	H	I	J	K	L	M
1							全盛公司会计凭证表						
2		编制单位：全盛公司					编制时间：2023年12月						
3		年	月	日	序号	凭证编号	摘要	科目编号	总账科目	明细科目	借方金额	贷方金额	
4		2023	12	01	01	2023120101	提取备用金	1221					

图 6-15　填制会计分录

（4）不要在 I 列单元格中设置公式，以便我们在 H 列单元格中输入科目编号时，I 列能够自动带出相应的科目名称。

（5）将光标移至工作簿“项目六-会计凭证表 1 ”的工作表“会计科目表”的任何位置，使“会计科目表”处于选中状态，选中单元格 A2 到 B52 区域的同时右击，在弹出的快捷菜单中选择【定义名称】选项，弹出【新建名称】对话框。

（6）在【名称】文本框中输入“全盛公司会计科目”，【引用位置】文本框为默认值不变，单击【确定】按钮，那么单元格 A2 到 B52 区域即被赋予名称“全盛公司会计科目”，如图 6-16 所示。

图 6-16 【新建名称】对话框

（7）将光标移至工作簿"项目六-会计凭证表 2"的工作表"会计凭证表"的单元格 I4，双击该单元格并输入"="，然后单击【公式】选项卡下【函数库】组中的【插入函数】按钮。在弹出的【插入函数】对话框中的【或选择类别】下拉框中选择【逻辑】选项，在下面的【选择函数】列表框中选择【IF】函数，弹出【函数参数】对话框，在【Logical_test】文本框中输入"H4="""，在【Value_if_true】文本框中输入""""，如图 6-17 所示。（设置参数时，""需要在英文状态下输入）

图 6-17 IF 函数参数对话框中的参数设置

（8）将光标移至【Value_if_false】文本框中，然后单击编辑栏左侧的函数下拉按钮，选择【VLOOKUP】函数，这样就在 IF 函数的第三个参数中嵌套了一个 VLOOKUP 函数。

（9）弹出 VLOOKUP 函数参数对话框，在【Lookup_value】文本框中输入单元格引用"H4"，在【Table_array】文本框中输入"全盛公司会计科目"（刚才定义的单元格区域名称），在【Col_index_num】文本框中输入"2"，在【Range_lookup】文本框中输入"FALSE"，如图 6-18 所示。

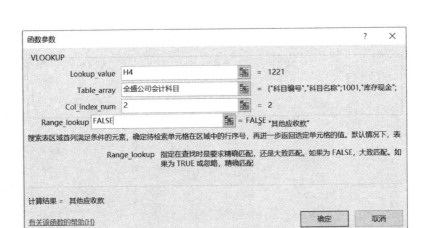

图 6-18　VLOOKUP 函数参数对话框中的参数设置

（10）单击【确定】按钮后，在"会计凭证表"的单元格 I4 中即显示与科目编号"1221"相对应的科目名称"其他应收款"，在编辑栏处即显示刚才在单元格 I4 中设置的公式。将光标移至单元格 I4 的右下角，当光标变成实心的十字时，单击左键的同时向下拖动，将单元格 I4 中的公式复制到 I 列的其他单元格中。

第三步：填制具体科目。

（1）在单元格 J4 中输入"备用金"，在单元格 K4 中输入"2 000.00"，如图 6-19 所示。

	B	C	D	E	F	G	H	I	J	K	L
1						全盛公司会计凭证表					
2	编制单位：全盛公司						编制时间：2023年12月				
3	年	月	日	序号	凭证编号	摘要	科目编号	总账科目	明细科目	借方金额	贷方金额
4	2023	12	01	01	2023120101	提取备用金	1221	其他应收款	备用金	2,000.00	
5	2023	12	01	01	2023120101	提取备用金	1002	银行存款			2,000.00
6	2023	12	01	02	2023120102	支付购买支票费用	6602	管理费用		50.00	
7	2023	12	01	02	2023120102	支付购买支票费用	1001	库存现金			50.00
8	2023	12	02	03	2023120203	付万佳公司账款	2202	应付账款	万佳公司	27,000.00	
9	2023	12	02	03	2023120203	付万佳公司账款	1002	银行存款			27,000.00
10	2023	12	02	04	2023120204	采购部门购买办公用品	6602	管理费用		600.00	
11	2023	12	02	04	2023120204	采购部门购买办公用品	1001	库存现金			600.00
12	2023	12	03	05	2023120305	生产领用	5001	生产成本	钢条	15,000.00	
13	2023	12	03	05	2023120305	生产领用	1403	原材料	甲材料		15,000.00

图 6-19　填制会计科目

（2）选中 K 列和 L 列的同时右击，在弹出的快捷菜单中选择【设置单元格格式】选项，在弹出的【设置单元格格式】对话框中的【数字】标签下的【分类】列表框中选择【数值】选项，在【小数位数】文本框中输入数字"2"，在【使用千位分隔符】前打钩，其他项目默认。

（3）单击【确定】按钮后，K 列和 L 列中的数据显示形式做了相应的调整，同时调整其他列，使所在列的文本被包括在该列之内。

（4）单击单元格 L2，输入公式"=IF（SUM（K4:K141）=SUM（L4:L141），"平

衡"、"不平衡"）"，用于检查借方金额合计与贷方金额合计是否平衡。为了突出显示单元格 L2 中的内容，我们可以将单元格 L2 中内容的字号调大并加粗居中显示，如图 6-20 所示。

图 6-20　会计凭证表效果

（5）单击单元格 H4，然后单击【视图】选项卡下【窗口】组中的【冻结窗格】按钮，在弹出的快捷菜单中选择【冻结拆分窗格】选项，那么前 3 行和前 7 列即被冻结。任意拖动上下或左右滚动条，前 3 行和前 7 列均在显示屏上显示。至此，会计凭证表就编制完成了。

思 考 与 练 习

一、填空题

1. CONCATENATE 函数属于_____类型的函数，最多可以连接_____个字符串。

2. IF 函数属于_____类型的函数，IF 函数可以进行嵌套，最多可以嵌套_____层。

3. VLOOKUP 函数属于_____类型的函数，与该函数用法大致相同的函数是_____函数。

4. 在默认情况下，文本的对齐方式为_____，数字的对齐方式为_____。

5. 数据清单的筛选方式大致分为两种，即_____、_____。

二、思考题

1. 如何设置数据有效性？

2. 利用 Excel 可以制作哪几种会计凭证？它们分别有什么优势与劣势？

3. 如何利用 Excel 制作普通会计凭证？

4. 如何利用 Excel 制作简单会计凭证？

5. 如何利用 Excel 制作会计科目表？

Excel 在会计账簿中的应用

👉 学习目的

在利用 Excel 编制完会计凭证表的基础上，学会运用 Excel 的一些常用函数，如 VLOOKUP 函数、IF 函数、CONCATENATE 函数等，利用数据透视表功能，建立起一整套会计账簿，包括日记账、科目汇总表、科目余额表、总账等，以提高会计工作效率和会计账簿中数据的准确性。

会计账簿是指由一定格式账页组成的，以经过审核无误的会计凭证为依据，全面、系统、连续地记录各项经济业务的簿籍。对于账簿的概念，可以从两个方面理解：一是从外表的形式来看，账簿是具有一定格式的账页联结而成的簿籍；二是从记录的内容来看，账簿是对各项经济业务进行分类和续时记录的簿籍。

👉 案例背景

项目六给出了全盛公司 2023 年 12 月发生的经济业务并编制了相应的会计凭证表，本项目给出全盛公司 2023 年 12 月部分总账科目及相关明细科目的期初余额（表 7-1），请就这些内容编制全盛公司的科目汇总表、总账、日记账及科目余额表。

表 7-1　期初余额表　　　　　　　　　　　　　　　　　　　单位：元

会计科目	期初余额		会计科目	期初余额	
	借方	贷方		借方	贷方
库存现金	50 000.00		累计折旧		2 000 000.00
银行存款	1 280 600.00		长期待摊费用	5 000.00	
其他货币资金			待处理财产损溢		
交易性金融资产			短期借款		920 000.00

续表

会计科目	期初余额		会计科目	期初余额	
	借方	贷方		借方	贷方
应收票据	10 000.00		应付票据		55 000.00
应收股利			应付账款		27 000.00
应收账款	45 000.00		预收账款		8 000.00
预付账款	8 000.00		应付职工薪酬		13 000.00
坏账准备			应交税费		9 800.00
其他应收款			应付利息		2 000.00
物资采购			长期借款		
原材料	976 000.00		应付债券		
库存商品	259 960.00		实收资本		5 000 000.00
存货跌价准备			资本公积		
待摊费用			盈余公积		1 460 000.00
其他流动资产			本年利润		
长期股权投资			利润分配		
固定资产	6 000.00				
无形资产					

其中，部分会计科目期初余额明细如下：

应收账款——红日公司 　　　　　　　　　　　　　　　　借：20 000
　　　　——广信公司 　　　　　　　　　　　　　　　　借：25 000
应收票据——家乐公司 　　　　　　　　　　　　　　　　借：10 000
预付账款——威胜公司 　　　　　　　　　　　　　　　　借：8 000
长期待摊费用——修理费用 　　　　　　　　　　　　　　借：5 000
原材料——甲材料（40 000 千克，每千克 15 元） 　　　　借：600 000
　　——乙材料（15 400 千克，每千克 20 元） 　　　　借：308 000
　　——丙材料（4 000 千克，每千克 17 元） 　　　　　借：68 000
库存商品——木制货架（1 067 件，每件 120 元） 　　　　借：128 000
　　　——钢条（825 条，每条 160 元） 　　　　　　　借：131 960
固定资产——车间用 　　　　　　　　　　　　　　　　　借：3 000
　　　——厂部用 　　　　　　　　　　　　　　　　　借：3 000
应付账款——星月公司 　　　　　　　　　　　　　　　　贷：27 000
应付票据——兰一公司 　　　　　　　　　　　　　　　　贷：55 000

预收账款——德辉公司	贷：8 000
应交税费——应交增值税	贷：8 907.73
——应交城市维护建设税	贷：625
——应交教育费附加	贷：267.27
盈余公积——法定盈余公积	贷：1 000 000
——法定公益金	贷：460 000

任务一　Excel 在日记账中的应用

一、日记账概述

（一）日记账的概念

日记账又称序时账簿，是指按照经济业务发生或完成时间的先后顺序逐日、逐笔进行登记的账簿。日记账的特点是序时登记和逐笔登记。日记账通常有两种：普通日记账和特种日记账。普通日记账是对全部经济业务按照其发生时间的先后顺序逐日、逐笔登记的账簿。登记普通日记账只能由一个人负责，并且每笔会计记录都需要转记到分类账中，工作量很大。在实际工作中，由于经济业务的复杂性，一般很少采用普通日记账，应用较为广泛的是特种日记账。库存现金日记账和银行存款日记账为两种典型的特种日记账。在我国，大多数单位只设置库存现金日记账和银行存款日记账，而不设置转账日记账。

（二）相关函数应用

IF 函数

功能：根据对指定条件的逻辑判断的真假结果，返回相对应的内容。

语法：IF（logical_test，[value_if_true]，[value_if_false]）。

参数说明：

logical_test：必需，进行判断的条件。

value_if_true：可选，条件判断结果为 TRUE 时返回的结果。

value_if_false：可选，条件判断结果为 FALSE 时返回的结果。

二、日记账的编制

（一）普通日记账的编制

分析普通日记账的定义及普通日记账的格式（表 7-2）可知，我们只要将项目六中编制的"全盛公司会计凭证表"中的相关数据粘贴到普通日记账中，即可形成全盛公司普通日记账。

表 7-2　普通日记账的格式

编制单位　　　　　　　　　　　　　时间　　　　　　　　　　　　　　　单位

年	月	日	凭证编号	摘要	账户名称	借方金额	贷方金额

具体操作步骤如下：

第一步：新建工作簿，并将其命名为"项目七–会计账簿"。将表 7-2 所示的普通日记账格式输入 Sheet1 工作表中，并将其重命名为"普通日记账"。

第二步：打开工作簿"项目六–会计凭证表"，单击工作表标签"会计凭证表"，通过复制、粘贴的方式，将相关数据输入普通日记账中，形成全盛公司普通日记账，如图 7-1 所示。

	A	B	C	D	E	F	G	H	I	J
1						全盛公司普通日记账				
2	编制单位：全盛公司					时间：2023年12月			单位：元	
3	年	月	日	凭证编号	摘要		账户名称	借方金额	贷方金额	
4	2023	12	01	2023120101	提取备用金		其他应收款	2,000.00		
5	2023	12	01	2023120101	提取备用金		银行存款		2,000.00	
6	2023	12	01	2023120102	支付购买支票费用		管理费用	50.00		
7	2023	12	01	2023120102	支付购买支票费用		库存现金		50.00	
8	2023	12	02	2023120203	付万佳公司账款		应付账款	27,000.00		
9	2023	12	02	2023120203	付万佳公司账款		银行存款		27,000.00	
10	2023	12	02	2023120204	采购部门购买办公用品		管理费用	600.00		
11	2023	12	02	2023120204	采购部门购买办公用品		库存现金		600.00	
12	2023	12	03	2023120305	生产领用		生产成本	15,000.00		
13	2023	12	03	2023120305	生产领用		原材料		15,000.00	

图 7-1　普通日记账样式

（二）银行存款日记账的编制

手工登记银行存款日记账的方法是：首先在银行存款日记账的第一行登记期初余额，然后根据会计凭证按照经济业务发生时间的先后顺序逐笔登记与银行存款有关的经济业务并逐笔结出科目余额，直到将所有的相关业务登记完毕为止。银行存款日记账的格式如表 7-3 所示。

表 7-3　银行存款日记账的格式

明细科目或户名

年		凭证编号	摘要	借方余额	贷方余额	借或贷	余额
月	日						

利用 Excel 登记银行存款日记账与手工登记银行存款日记账有相似之处，但可以运

用 Excel 的数据筛选功能及公式设置来提高登记银行存款日记账的效率和准确性。

具体操作步骤如下：

第一步：打开工作簿"项目七-会计账簿"，将表 7-3 所示的银行存款日记账格式输入 Sheet2 工作表中，并将其重命名为"银行存款日记账"。在银行存款日记账的第一行输入全盛公司银行存款的期初余额，如图 7-2 所示。

银行存款日记账编制

图 7-2　输入银行存款期初余额

第二步：打开"全盛公司会计凭证表"，选中第 3 行，单击【开始】选项卡下【编辑】组中的【排序和筛选】按钮，在弹出的快捷菜单中选择【筛选】选项，"全盛公司会计凭证表"第 3 行的每个字段名右侧均出现下拉菜单按钮，如图 7-3 所示。

图 7-3　筛选出与银行存款相关的会计凭证

第三步：单击【总账科目】字段名右侧的下拉菜单按钮，选中会计科目【银行存款】后，所有与银行存款相关的会计凭证都将被筛选出来。

第四步：筛选出与银行存款相关的会计凭证后，将有关数据粘贴到银行存款日记账中。单击【开始】选项卡下【编辑】组中的【查找和选择】按钮，在弹出的快捷菜单中选择【定位条件】选项，然后在弹出的【定位条件】对话框中勾选【可见单元格】，如图 7-4 所示。单击【确定】按钮，然后复制筛选后的数据到目标表格。

图 7-4　【定位条件】对话框

第五步：美化表格，形成全盛公司银行存款日记账，如图 7-5 所示。

	A	B	C	D	E	F	G	H	I	J
1					全盛公司银行存款日记账					
2		明细科目或户名								
3		2023年		凭证编号	摘要	借方余额	贷方余额	借或贷	余额	
4		月	日							
5		12	01		期初余额	1,280,600.00		借	1,280,600.00	
6		12	01	2023120101	提取备用金		2,000.00			
7		12	02	2023120203	付万佳公司账款		27,000.00			
8		12	04	2023120406	销售木制货架	113,000.00				
9		12	04	2023120407	向兴宏公司购买镁合金		36,386.00			
10		12	04	2023120408	缴纳税费		9,800.00			
11		12	05	2023120509	向外出借差旅费		3,000.00			
12		12	08	2023120812	支付车间水费		800.00			
13		12	10	2023121014	签发现金支票		50,000.00			

图 7-5　复制数据到银行存款日记账中

第六步：设置余额公式。

（1）在单元格 I6 中输入公式"=I5+F6-G6"，即可计算出 12 月 1 日提取 2 000 元备用金后银行存款的余额。

（2）将光标移至单元格 I6 的右下角，当光标变成实心的十字时，单击左键的同时向下拖动，将单元格 I6 中的公式复制到 I 列的其他单元格中。

第七步：设置借贷方向。

（1）单击单元格 H5，然后单击【公式】选项卡下【函数库】组中的【插入函数】按钮。

（2）在弹出的【插入函数】对话框中的【或选择类别】下拉框中选择【逻辑】选项，在下面的【选择函数】列表框中选择【IF】函数。在弹出的【函数参数】对话框中的各个参数文本框中分别输入相应的参数，如图 7-6 所示。

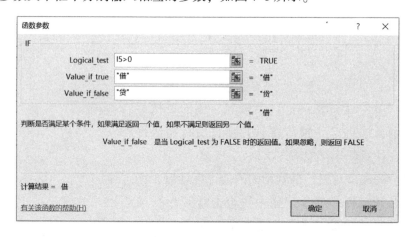

图 7-6　设置借贷方向

（3）单击【确定】按钮后，单元格 H5 即显示期初余额的借贷方向，将光标移至单元格 H5 的右下角，当光标变成实心的十字时，单击左键的同时向下拖动，将单元格 H5 中的公式复制到 H 列的其他单元格中，如图 7-7 所示。这样，全盛公司银行存款日记账就编制完成了。

	A	B	C	D	E	F	G	H	I	J
1					全盛公司银行存款日记账					
2		明细科目或户名								
3		2023年		凭证编号	摘要	借方余额	贷方余额	借或贷	余额	
4		月	日							
5		12	01		期初余额	1,280,600.00		借	1,280,600.00	
6		12	01	2023120101	提取备用金		2,000.00	借	1,278,600.00	
7		12	02	2023120203	付万佳公司账款		27,000.00	借	1,251,600.00	
8		12	04	2023120406	销售木制货架	113,000.00		借	1,364,600.00	
9		12	04	2023120407	向兴宏公司购买镁合金		36,386.00	借	1,328,214.00	
10		12	04	2023120408	缴纳税费		9,800.00	借	1,318,414.00	
11		12	05	2023120509	向外出借差旅费		3,000.00	借	1,315,414.00	
12		12	08	2023120812	支付车间水费		800.00	借	1,314,614.00	
13		12	10	2023121014	签发现金支票		50,000.00	借	1,264,614.00	

图 7-7 银行存款日记账样式

（三）库存现金日记账的编制

手工登记库存现金日记账要将与现金有关的会计业务按照发生时间的先后顺序逐笔记入库存现金日记账中，比较烦琐且容易出错。利用 Excel 编制库存现金日记账，只需在会计凭证表中做自动筛选，再将相关数据粘贴到库存现金日记账中即可，这样既快又不易出错，相比于手工登记库存现金日记账有很大进步。库存现金日记账的编制方法与银行存款日记账的编制方法类似，下面简单介绍库存现金日记账的编制过程。库存现金日记账的格式如表 7-4 所示。

表 7-4 库存现金日记账的格式

明细科目或户名

年		凭证编号	摘要	借方余额	贷方余额	借或贷	余额
月	日						

具体操作步骤如下：

第一步：打开工作簿"项目七-会计账簿"，将表 7-4 所示的库存现金日记账格式输入 Sheet3 工作表中，并将其重命名为"**库存现金日记账**"。在库存现金日记账的第一行输入全盛公司库存现金的期初余额，如图 7-8 所示。

	A	B	C	D	E	F	G	H	I	J
1					全盛公司库存现金日记账					
2		明细科目或户名								
3		2023年		凭证编号	摘要	借方余额	贷方余额	借或贷	余额	
4		月	日							
5		12	01		期初余额	50,000.00		借	50,000.00	
6										
7										
8										
9										
10										

图 7-8 输入库存现金期初余额

第二步：打开"全盛公司会计凭证表"，选中第 3 行，单击【开始】选项卡下【编辑】组中的【排序和筛选】按钮，在弹出的快捷菜单中选择【筛选】选项，"全盛公司会计凭证表"第 3 行的每个字段名右侧均出现下拉菜单按钮。单击【总账科目】字段名右侧的下拉菜单按钮，选中会计科目【库存现金】后，所有与库存现金有关的会计凭证都将被筛选出来，如图 7-9 所示。

	A	B	C	D	E	F	G	H	I	J	K	L	M
1							全盛公司会计凭证表						
2	编制单位：全盛公司								编制时间：2023年12月				
3	年	月	日	序		凭证编号	摘要	科目编	总账科目	明细科目	借方金额	平衡贷方金额	
7	2023	12	01	02		2023120102	支付购买支票费用	1001	库存现金			50.00	
11	2023	12	02	04		2023120204	采购部门购买办公用品	1001	库存现金			600.00	
35	2023	12	10	14		2023121014	签发现金支票	1001	库存现金		50,000.00		
38	2023	12	10	15		2023121015	发放本月工资	1001	库存现金			50,000.00	
46	2023	12	12	17		2023121217	支付招待费	1001	库存现金			590.00	
48	2023	12	12	18		2023121218	报销医药费	1001	库存现金			250.00	
50	2023	12	13	19		2023121319	报销差旅费	1001	库存现金		300.00		
71	2023	12	26	26		2023122626	报销汽车加油费	1001	库存现金			800.00	

图 7-9 筛选出与库存现金相关的会计凭证

第三步：将图 7-9 中的相关数据粘贴到库存现金日记账中。

第四步：计算库存现金日记账中的余额。

（1）在单元格 I6 中输入公式"=I5+F6-G6"，即可计算出 12 月 1 日用现金购买转账支票后库存现金的余额。

（2）将光标移至单元格 I6 的右下角，当光标变成实心的十字时，单击左键的同时向下拖动，将单元格 I6 中的公式复制到 I 列的其他单元格中。

第五步：运用 IF 函数计算库存现金日记账中余额的借贷方向。

（1）在单元格 H5 中输入公式"=IF（I5>0，"借"，"贷"）"后，即显示余额的借贷方向。

（2）将光标移至单元格 H5 的右下角，当光标变成实心的十字时，单击左键的同时向下拖动，将单元格 H5 中的公式复制到 H 列的其他单元格中。

完成以上操作后，全盛公司库存现金日记账即编制完成，如图 7-10 所示。

	A	B	C	D	E	F	G	H	I	J
1					全盛公司库存现金日记账					
2		明细科目或户名								
3		2023年		凭证编号	摘要	借方余额	贷方余额	借或贷	余额	
4		月	日							
5		12	01		期初余额	50,000.00		借	50,000.00	
6		12	01	2023120102	支付购买支票费用		50.00	借	49,950.00	
7		12	02	2023120204	采购部门购买办公用品		600.00	借	49,350.00	
8		12	10	2023121014	签发现金支票	50,000.00		借	99,350.00	
9		12	10	2023121015	发放本月工资		50,000.00	借	49,350.00	
10		12	12	2023121217	支付招待费		590.00	借	48,760.00	
11		12	12	2023121218	报销医药费		250.00	借	48,510.00	
12		12	13	2023121319	报销差旅费	300.00		借	48,810.00	
13		12	26	2023122626	报销汽车加油费		800.00	借	48,010.00	

图 7-10 库存现金日记账样式

项目七　Excel 在会计账簿中的应用

任务二　Excel 在科目汇总表中的应用

一、科目汇总表的概念

科目汇总表又称记账凭证汇总表，是企业定期对全部记账凭证进行汇总后，按照不同的会计科目分别列示各账户借方发生额和贷方发生额的一种汇总凭证。

二、科目汇总表的编制步骤

第一步：创建数据透视表。

（1）打开工作簿"项目六－会计凭证表"，单击工作簿中的任何一个单元格，然后单击【插入】选项卡下【表格】组中的【数据透视表】按钮。

（2）弹出【创建数据透视表】对话框，在【表/区域】文本框中指定数据区域"会计凭证表!$B$3：$L$130"，同时选择放置数据透视表的位置在【新工作表】，如图7-11 所示。

科目汇总表编制

（3）单击【确定】按钮后，Excel 会生成一张新工作表，进入数据透视输出选项界面，如图 7-12 所示。

图 7-11　【创建数据透视表】对话框　　　　图 7-12　数据透视输出选项界面

175

第二步：设置数据透视表布局。

（1）在数据透视表区域内右击，在弹出的快捷菜单中选择【数据透视表选项】选项，弹出【数据透视表选项】对话框，如图 7-13 所示。

（2）在【显示】标签下选择【经典数据透视表布局（启用网格中的字段拖放）】，单击【确定】按钮，数据透视表转换成经典布局。

第三步：设置数据透视表统计项。

（1）在该布局页面中，将字段名【年】【月】拖入列字段所在的位置，将字段名【科目编号】【总账科目】拖入行字段所在的区域。

（2）将字段名【借方金额】【贷方金额】以求和方式拖入数据字段所在的区域，生成图 7-14 所示的分类汇总表。

图 7-13 【数据透视表选项】对话框

科目编号	总账科目	求和项:借方金额	求和项:贷方金额
⊟1001	库存现金	50300	52290
1001 汇总		50300	52290
⊟1002	银行存款	250205	136286
1002 汇总		250205	136286
⊟1122	应收账款	27120	
1122 汇总		27120	
⊟1221	其他应收款	5000	3000
1221 汇总		5000	3000
⊟1231	坏账准备		13.56
1231 汇总			13.56
⊟1403	原材料	38200	71300
1403 汇总		38200	71300
⊟1405	库存商品	104140	17600
1405 汇总		104140	17600
⊟1601	固定资产		7000
1601 汇总			7000
⊟1602	累计折旧		18000
1602 汇总			18000
⊟1801	长期待摊费用		800
1801 汇总			800

图 7-14 数据透视表统计项设置

第四步：从图 7-14 所示的数据透视表可以看出，同一会计科目的数据显示了两次，如果能隐藏各个会计科目的汇总行，就可以避免数据重复。

单击数据透视表区域，在【数据透视表工具】—【设计】选项卡下的【布局】组中单击【分类汇总】按钮，在弹出的快捷菜单中选择【不显示分类汇总】选项，所有汇总行即被隐藏，如图 7-15 所示。

科目编号	总账科目	求和项:借方金额	求和项:贷方金额
1001	库存现金	50300	52290
1002	银行存款	250205	136286
1122	应收账款	27120	
1221	其他应收款	5000	3000
1231	坏账准备		13.56
1403	原材料	38200	71300
1405	库存商品	104140	17600
1601	固定资产		7000
1602	累计折旧		18000
1801	长期待摊费用		800
1901	待处理财产损溢	8695	8695
2202	应付账款	27000	6780
2203	预收账款	8000	
2211	应付职工薪酬	50250	53466
2221	应交税费	14766	77966.29
2231	应付利息	2800	800
4101	盈余公积		25355.84
4103	本年利润	224000	224000
4104	利润分配	38033.76	139457.07

图 7-15　隐藏汇总行

第五步：从图 7-15 所示的数据透视表可以看出，C 列和 D 列中的数据既没有显示小数，也没有千位分隔符。

（1）选中 C、D 两列的同时右击，在弹出的快捷菜单中选择【设置单元格格式】选项，弹出【设置单元格格式】对话框。

（2）在【数字】标签下的【分类】列表框中选择【数值】选项，在【小数位数】文本框中输入"2"，在【使用千位分隔符】前打钩，其他保持默认值不变，单击【确定】按钮即可。结果如图 7-16 所示。

科目编号	总账科目	求和项:借方金额	求和项:贷方金额
1001	库存现金	50,300.00	52,290.00
1002	银行存款	250,205.00	136,286.00
1122	应收账款	27,120.00	
1221	其他应收款	5,000.00	3,000.00
1231	坏账准备		13.56
1403	原材料	38,200.00	71,300.00
1405	库存商品	104,140.00	17,600.00
1601	固定资产		7,000.00
1602	累计折旧		18,000.00
1801	长期待摊费用		800.00
1901	待处理财产损溢	8,695.00	8,695.00
2202	应付账款	27,000.00	6,780.00
2203	预收账款	8,000.00	
2211	应付职工薪酬	50,250.00	53,466.00
2221	应交税费	14,766.00	77,966.29
2231	应付利息	2,800.00	800.00
4101	盈余公积		25,355.84
4103	本年利润	224,000.00	224,000.00

图 7-16　科目汇总表样式

第六步：将新工作表重命名为"科目汇总表"。

任务三　Excel 在科目余额表中的应用

一、科目余额表概述

（一）科目余额表的概念

科目余额表是在经济业务发生的一定期间内，按照一级会计科目汇总该期间的期初余额、本期发生额和期末余额的报表。编制科目余额表是为制作资产负债表、利润表等财务报表做准备，可以大大提高财务会计的工作效率。

（二）相关函数应用

1. VLOOKUP 函数

用 VLOOKUP 函数导入科目余额表的期初余额，来编制全盛公司的科目余额表。

功能：搜索表区域首列满足条件的元素，确定待检索单元格在区域中的行序号，再进一步返回选定单元格的值。

语法：VLOOKUP（lookup_value，table_array，col_index_num，[range_lookup]）。

参数说明：

lookup_value：必需，表示需要查找的值，可以是数值、引用或字符串。

table_array：必需，表示需要查找的区域，可以是对区域或区域名称的引用。

col_index_num：必需，表示满足条件的单元格在查找区域中的列序号。

range_lookup：可选，指定在查找时是精确匹配，还是大致匹配。如果为 FALSE，是大致匹配；如果为 TRUE 或省略，是精确匹配。

2. SUM 函数

功能：计算单元格区域中所有数值的和。

语法：SUM（number1，[number2]，…）。

参数说明：

number1：必需，表示待求和的第 1 个数值，可以是直接输入的数字、单元格引用或数组。

number2，…：可选，表示待求和的第 2—255 个数值，可以是直接输入的数字、单元格引用或数组。

3. 相关公式

资产类会计科目期末余额＝期初余额＋本期借方发生额－本期贷方发生额（同类型的会计科目还有成本费用类会计科目）

负债和所有者权益类会计科目期末余额＝期初余额＋本期贷方发生额－本期借方发生

额（同类型的会计科目还有收入类会计科目）

根据以上公式，可以在期末余额两列设置公式求出相应数值。

二、在 Excel 中编制科目余额表

科目余额表的格式如表 7-5 所示。

表 7-5 科目余额表的格式

编制单位：　　　　　　　　　　编制时间：　　　　　　　　　　单位：

科目编号	科目名称	期初余额		本期发生额		期末余额	
		借方	贷方	借方	贷方	借方	贷方
合计							

（一）利用 Excel 编制科目余额表的具体操作步骤

第一步：在工作簿"项目七–会计账簿"中建立一张新工作表，将表 7-5 所示的科目余额表格式输入新工作表中，并将其重命名为"科目余额表"。

第二步：打开工作簿"项目六–会计凭证表"，选中【会计科目表】标签，将该工作表中的所有科目编号、科目名称复制到科目余额表的相应位置，如图 7-17 所示。

科目余额表编制

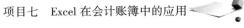

图 7-17 科目余额表样式

第三步：在工作簿"项目七–会计账簿"中建立一张新工作表，将表 7-1 复制到新工作表中，注意只分三列显示，然后将新工作表重命名为"期初余额表"，如图 7-18 所示。

	A	B	C
1		期初余额表	
2	科目名称	期初余额	
3		借方	贷方
4	库存现金	50,000.00	
5	银行存款	1,280,600.00	
6	其他货币资金		
7	交易性金融资产		
8	应收票据	10,000.00	
9	应收股利		
10	应收账款	45,000.00	
11	预付账款	8,000.00	
12	坏账准备		
13	其他应收款		
14	物资采购		
15	原材料	976,000.00	
16	库存商品	259,960.00	
17	存货跌价准备		
18	待摊费用		
19	其他流动资产		
20	长期股权投资		

图 7-18　期初余额表

第四步：选中"期初余额表"单元格 A4 到 C39 区域的同时右击，在弹出的快捷菜单中选择【定义名称】选项。弹出【新建名称】对话框，在【名称】文本框中输入"期初余额表"，其他项目保持默认值不变，单击【确定】按钮。

第五步：设置 VLOOKUP 函数参数。

（1）单击"科目余额表"单元格 D5，插入 VLOOKUP 函数，弹出参数设置对话框，如图 7-19 所示。

（2）设置相关参数，即在单元格 D5 中输入公式"＝VLOOKUP（C5，期初余额表，2，FALSE）"。用同样的方法，在单元格 E5 中输入公式"＝VLOOKUP（C5，期初余额表，3，FALSE）"。

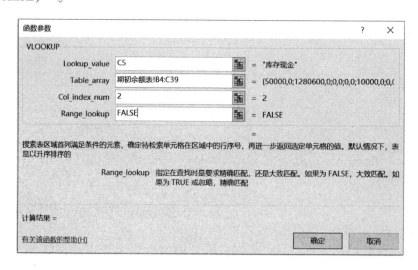

图 7-19　设置 VLOOKUP 函数参数

第六步：导入期初余额数据。

（1）选中单元格 D5 和 E5，将光标移至单元格 E5 的右下角，当光标变成实心的十字时，单击左键的同时向下拖动。

（2）将单元格 D5 和 E5 中的公式分别复制到 D 列和 E 列的其他单元格中，结果如图 7-20 所示。

	A	B	C	D	E	F	G	H	I	J
1		\multicolumn{5}{c}{全盛公司科目余额表}					
2		编制单位：全盛公司		编制时间：2023年12月					单位：元	
3		科目编号	科目名称	期初余额		本期发生额		期末余额		
4				借方	贷方	借方	贷方	借方	贷方	
5		1001	库存现金	50,000.00	0.00					
6		1002	银行存款	1,280,600.00	0.00					
7		1101	交易性金融资产	0.00	0.00					
8		1121	应收票据	10,000.00	0.00					
9		1122	应收账款	45,000.00	0.00					
10		1123	预付账款	8,000.00	0.00					
11		1221	其他应收款	0.00	0.00					
12		1231	坏账准备	0.00	0.00					
13		1402	在途物资	0.00	0.00					
14		1403	原材料	976,000.00	0.00					
15		1405	库存商品	259,960.00	0.00					
16		1471	存货跌价准备	0.00	0.00					
17		1511	长期股权投资	0.00	0.00					
18		1601	固定资产	6,000.00	0.00					
19		1602	累计折旧	0.00	2,000,000.00					
20		1604	在建工程	0.00	0.00					

图 7-20　导入期初余额数据

第七步：为了检查期初余额表中科目的期初余额是否全部被导入科目余额表，可在科目余额表的最后一行后加一行合计数。在单元格 D55 中输入公式"＝SUM（D5：D54）"，统计出 D 列的合计数是否正好与表 7-1 所示的合计数相等，若相等则说明科目余额表中导入的期初余额没有差漏。

（二）将"科目汇总表"中的数据导入"科目余额表"的方法

第一步：利用 VLOOKUP 函数将数据导入科目汇总表。

（1）将工作表切换到"科目汇总表"，选中"科目汇总表"单元格 A3 到 D38 区域，单击【公式】选项卡下【定义的名称】组中的【定义名称】按钮。

（2）弹出【新建名称】对话框，在【名称】文本框中输入"科目汇总表"，其他项目保持默认值不变，单击【确定】按钮。

第二步：将工作表切换到"科目余额表"，选中"科目余额表"单元格 F5，单击【公式】选项卡下【函数库】组中的【插入函数】按钮，在弹出的【插入函数】对话框中选择【VLOOKUP】函数，然后在弹出的【函数参数】对话框中输入相应的参数，如图 7-21 所示。

Excel 在财会中的应用

图 7-21 设置 VLOOKUP 函数参数

第三步：选中单元格 F5，将光标移至单元格 F5 的右下角，当光标变成实心的十字时，单击左键的同时向下拖动，这样就将单元格 F5 中的公式复制到 F 列的其他单元格中，如图 7-22 所示。

科目编号	科目名称	期初余额		本期发生额		期末余额	
		借方	贷方	借方	贷方	借方	贷方
1001	库存现金	50,000.00	0.00	50,300.00			
1002	银行存款	1,280,600.00	0.00	250,205.00			
1101	交易性金融资产	0.00	0.00	#N/A			
1121	应收票据	10,000.00	0.00	#N/A			
1122	应收账款	45,000.00	0.00	27,120.00			
1123	预付账款	8,000.00	0.00	#N/A			
1221	其他应收款	0.00	0.00	5,000.00			
1231	坏账准备	0.00	0.00	0.00			
1402	在途物资	0.00	0.00	#N/A			
1403	原材料	976,000.00	0.00	38,200.00			
1405	库存商品	259,960.00	0.00	104,140.00			
1471	存货跌价准备	0.00	0.00	#N/A			
1511	长期股权投资	0.00	0.00	#N/A			
1601	固定资产	6,000.00	0.00	0.00			
1602	累计折旧	0.00	2,000,000.00	0.00			
1604	在建工程	0.00	0.00	#N/A			

编制单位：全盛公司　　编制时间：2023年12月　　单位：元

全盛公司科目余额表

图 7-22 导入本期发生额数据

第四步：查找和替换。

（1）选中"科目余额表"F 列，单击【开始】选项卡下【编辑】组中的【查找和替换】按钮，在弹出的快捷菜单中选择【替换】选项。

（2）弹出【查找和替换】对话框，单击【替换】标签，在【查找内容】文本框中输入"#N/A",在【替换为】文本框中输入"0"后,单击【全部替换】按钮,如图 7-23 所示。此时,"科目余额表"F 列中的所有"#N/A"被替换为"0"。

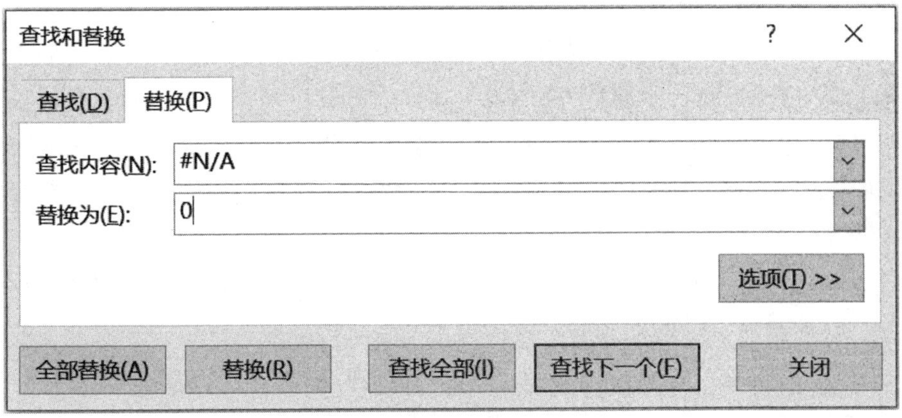

图 7-23 【查找和替换】对话框

第五步:用同样的方法,在单元格 G5 中输入公式"=VLOOKUP(B5,科目汇总表,4,0)",然后将单元格 G5 中的公式复制到 G 列的其他单元格中,并将所有"#N/A"替换为"0"。结果如图 7-24 所示。

	A	B	C	D	E	F	G	H	I	J
1					全盛公司科目余额表					
2	编制单位:	全盛公司		编制时间:2023年12月					单位:元	
3	科目编号		科目名称	期初余额		本期发生额		期末余额		
4				借方	贷方	借方	贷方	借方	贷方	
5	1001		库存现金	50,000.00	0.00	50,300.00	52,290.00			
6	1002		银行存款	1,280,600.00	0.00	250,205.00	136,286.00			
7	1101		交易性金融资产	0.00	0.00	0.00	0.00			
8	1121		应收票据	10,000.00	0.00	0.00	0.00			
9	1122		应收账款	45,000.00	0.00	27,120.00	0.00			
10	1123		预付账款	8,000.00	0.00	0.00	0.00			
11	1221		其他应收款	0.00	0.00	5,000.00	3,000.00			
12	1231		坏账准备	0.00	0.00	0.00	13.56			
13	1402		在途物资	0.00	0.00	0.00	0.00			
14	1403		原材料	976,000.00	0.00	38,200.00	71,300.00			
15	1405		库存商品	259,960.00	0.00	104,140.00	17,600.00			
16	1471		存货跌价准备	0.00	0.00	0.00	0.00			
17	1511		长期股权投资	0.00	0.00	0.00	0.00			
18	1601		固定资产	6,000.00	0.00	0.00	7,000.00			
19	1602		累计折旧	0.00	2,000,000.00	0.00	18,000.00			
20	1604		在建工程	0.00	0.00	0.00	0.00			

图 7-24 本期发生额设置

为了检查科目汇总表中科目的本期发生额是否全部被导入科目余额表,可在科目余额表的最后一行后加一行合计数。在单元格 F55 中输入公式"=SUM(F5:F54),统计出 F 列的合计数是否与"科目汇总表"中的总计数相等,若相等则说明科目余额表中导入的本期发生额没有差漏。

（三）计算"科目余额表"中"期末余额"的方法

资产类会计科目的期末余额一般在借方，负债和所有者权益类会计科目的期末余额一般在贷方，而成本、费用、收入等损益类会计科目期末一般无余额。资产类会计科目的期末余额=期初余额+本期借方发生额−本期贷方发生额；负债和所有者权益类会计科目的期末余额=期初余额+本期贷方发生额−本期借方发生额；成本费用类会计科目的期末余额=本期借方发生额−本期贷方发生额；收入类会计科目的期末余额=本期贷方发生额−本期借方发生额。需要注意还有一些特殊的会计科目，如累计折旧、存货跌价准备、坏账准备、生产成本等。虽然累计折旧是资产类会计科目，但它是固定资产的抵减科目，期末余额一般在贷方，累计折旧的期末余额=期初余额+本期贷方发生额−本期借方发生额；坏账准备是应收账款的抵减科目，期末余额一般在贷方，坏账准备的期末余额=期初余额+本期贷方发生额−本期借方发生额；存货跌价准备是资产类会计科目，同时也是库存商品的抵减科目，存货跌价准备的期末余额=期初余额+本期贷方发生额−本期借方发生额；生产成本属于成本类会计科目，期末如果有余额，表示生产线上的"在产品"的金额。根据以上内容，设置科目余额表的期末余额公式，如图7-25所示。

	A	B	C	D	E	F	G	H	I	J
1					全盛公司科目余额表					
2		编制单位：全盛公司			编制时间：2023年12月				单位：元	
3		科目编号	科目名称	期初余额		本期发生额		期末余额		
4				借方	贷方	借方	贷方	借方	贷方	
5		1001	库存现金	50,000.00	0.00	50,300.00	52,290.00	=D5+F5-G5		
6		1002	银行存款	1,280,600.00	0.00	250,205.00	136,286.00			
7		1101	交易性金融资产	0.00	0.00	0.00	0.00			
8		1121	应收票据	10,000.00	0.00	0.00	0.00			
9		1122	应收账款	45,000.00	0.00	27,120.00	0.00			
10		1123	预付账款	8,000.00	0.00	0.00	0.00			
11		1221	其他应收款	0.00	0.00	5,000.00	3,000.00			
12		1231	坏账准备	0.00	0.00	0.00	13.56			
13		1402	在途物资	0.00	0.00	0.00	0.00			
14		1403	原材料	976,000.00	0.00	38,200.00	71,300.00			
15		1405	库存商品	259,960.00	0.00	104,140.00	17,600.00			
16		1471	存货跌价准备	0.00	0.00	0.00	0.00			
17		1511	长期股权投资	0.00	0.00	0.00	0.00			
18		1601	固定资产	6,000.00	0.00	0.00	7,000.00			
19		1602	累计折旧	0.00	2,000,000.00	0.00	18,000.00			
20		1604	在建工程	0.00	0.00	0.00	0.00			

图7-25 期末余额公式设置

阅读科目余额表可以发现，该表中有很多具有零值的单元格，我们可以通过选项设置让Excel不显示这些零值，具体操作步骤如下：

第一步：选择【文件】选项卡下的【选项】选项，打开【Excel选项】对话框，在左侧选择【高级】选项。

第二步：取消勾选【此工作表的显示选项】下的【在具有零值的单元格中显示零】项，单击【确定】按钮，如图7-26所示。

项目七　Excel 在会计账簿中的应用

图 7-26　取消在具有零值的单元格中显示零

至此，科目余额表编制完成。将科目余额表所在的会计账簿保存在计算机的适当位置，并将其命名为"项目七-会计账簿"。

任务四　Excel 在总分类账中的应用

一、分类账簿概述

分类账簿是按照会计科目登记经济业务的账簿。根据反映会计科目的详细程度不同，可将分类账簿分为总分类账和明细分类账。总分类账是按一级会计科目分类，连续地记录和反映资金增减、负债和权益变化及成本、损益变化的总括账簿，它能总括并全面反映企业的经济活动情况，所有企业都要设置总分类账。

二、总分类账的编制

利用 Excel 编制总分类账，要分两步完成。先将"会计凭证表"作为数据源，以月、日、科目编号、摘要、总账科目为行字段，以借方金额、贷方金额为数据项生成数据透视表，然后再结合"科目余额表"找到一级会计科目的期末余额。完成以上操作后即可生成表 7-6 所示的总分类账。

表 7-6 总分类账的格式

账户名称

年		凭证编号	摘要	借方金额	贷方金额	借或贷	余额
月	日						

（一）相关函数应用

IF 函数

功能：根据对指定条件的逻辑判断的真假结果，返回相对应的内容。

语法：IF（logical_test，[value_if_true]，[value_if_false]）。

参数说明：

logical_test：必需，进行判断的条件。

value_if_true：可选，条件判断结果为 TRUE 时返回的结果。

value_if_false：可选，条件判断结果为 FALSE 时返回的结果。

（二）在 Excel 中编制总分类账的具体操作步骤

第一步：创建数据透视表。

（1）打开工作簿"项目六-会计凭证表"中的"会计凭证表"。

（2）单击"会计凭证表"中的任何单元格，然后单击【插入】选项卡下【表格】组中的【数据透视表】按钮。

（3）弹出【创建数据透视表】对话框，在【表/区域】文本框中指定数据区域，同时选择放置数据透视表的位置为【新工作表】。

总分类账编制

（4）单击【确定】按钮后，Excel 会生成一张新工作表，进入数据透视输出选项界面，如图 7-27 所示。

图 7-27 数据透视输出选项界面

第二步：设置数据透视表布局。在数据透视表区域内右击，在弹出的快捷菜单中选择【数据透视表选项】选项，弹出【数据透视表选项】对话框，在【显示】标签下选择【经典数据透视表布局（启用网格中的字段拖放）】，如图 7-28 所示。

图 7-28　经典数据透视表布局设置

第三步：在【数据透视表字段】列表中，将字段名【年】拖入列字段区域，将字段名【科目编号】【总账科目】【月】【日】【摘要】拖入行字段区域，将字段名【借方金额】【贷方金额】拖入数据区域，并将汇总方式由计数项调整为求和项，生成图 7-29 所示的数据透视表。

科目编号	总账科目	月	日	摘要	年 2023 求和项:借方金额	值 求和项:贷方金额
⊟1001	⊟库存现金	⊟12	⊟01	支付购买支票费用		50
			01 汇总			50
			⊟02	采购部门购买办公用品		600
			02 汇总			600
			⊟10	发放本月工资		50000
				签发现金支票	50000	
			10 汇总		50000	50000
			⊟12	报销医药费		250
				支付招待费		590
			12 汇总			840
			⊟13	报销差旅费	300	
			13 汇总		300	
			⊟26	报销汽车加油费		800
			26 汇总			800
			12 汇总		50300	52290
	库存现金 汇总				50300	52290
1001 汇总					50300	52290

图 7-29 有待加工的数据透视表

第四步：从图 7-29 所示的数据透视表可以看出，同一会计科目的数据显示了两次，可以将各个会计科目的汇总行隐掉。具体操作步骤如下：将光标移至第一个汇总行即第 7 行中 C、D 两列的交界处，当光标变成向右的箭头时，单击左键，这样所有的日汇总行均被选中，然后单击右键，在弹出的快捷菜单中选择【分类汇总"日"】选项，隐藏所有的日汇总行。用同样的方法，可以隐藏所有的月汇总行。

第五步：将 F 列和 G 列中的数据调整为显示千位分隔符和保留两位小数，同时将 E 列调整为左对齐。调整完成后的数据透视表如图 7-30 所示。

科目编号	总账科目	月	日	摘要	年 2023 求和项:借方金额	值 求和项:贷方金额
⊟1001	⊟库存现金	⊟12	⊟01	支付购买支票费用		50.00
			⊟02	采购部门购买办公用品		600.00
			⊟10	发放本月工资		50,000.00
				签发现金支票	50,000.00	
			⊟12	报销医药费		250.00
				支付招待费		590.00
			⊟13	报销差旅费	300.00	
			⊟26	报销汽车加油费		800.00
	库存现金 汇总				50,300.00	52,290.00
1001 汇总					50,300.00	52,290.00

图 7-30 加工完成的数据透视表

下面运用任务三编制的科目余额表和图 7-30 所示的数据透视表，编制库存现金总账。具体操作步骤如下：

第一步：将表 7-6 所示的总分类账格式输入新工作表中，并将其重命名为"库存现金总账"，在第一行输入全盛公司库存现金的期初余额。

第二步：将图 7-30 所示的数据透视表中“库存现金”科目的相关数据复制到库存现金总账中，如图 7-31 所示。

全盛公司总分类账

账户名称：库存现金

2023年		凭证编号	摘要	借方金额	贷方金额	借或贷	余额
月	日						
12	01	期初余额		50,000.00			50,000.00
12	01	2023120102	支付购买支票费用		50.00		
12	02	2023120204	采购部门购买办公用品		600.00		
12	10	2023121014	签发现金支票	50,000.00			
12	10	2023121015	发放本月工资		50,000.00		
12	12	2023121217	支付招待费		590.00		
12	12	2023121218	报销医药费		250.00		
12	13	2023121319	报销差旅费	300.00			
12	26	2023122626	报销汽车加油费		800.00		

图 7-31　编制库存现金总账

第三步：在“库存现金总账”工作表中的单元格 I6 中输入公式“=I5+F6-G6”，算出第一笔经济业务发生后“库存现金”科目的余额，同时在单元格 H5 中输入公式“=IF（I5>0，“借”，“贷”）”，显示余额在借方还是贷方，并将单元格 I6 和 H5 中的公式分别复制到 I 列和 H 列的其他单元格中。最后，在图 7-31 所示表格的最后一行下结出本月合计数，即完成库存现金总账的编制，如图 7-32 所示。

全盛公司总分类账

账户名称：库存现金

2023年		凭证编号	摘要	借方金额	贷方金额	借或贷	余额
月	日						
12	01	期初余额		50,000.00		借	50,000.00
12	01	2023120102	支付购买支票费用		50.00	借	49,950.00
12	02	2023120204	采购部门购买办公用品		600.00	借	49,350.00
12	10	2023121014	签发现金支票	50,000.00		借	99,350.00
12	10	2023121015	发放本月工资		50,000.00	借	49,350.00
12	12	2023121217	支付招待费		590.00	借	48,760.00
12	12	2023121218	报销医药费		250.00	借	48,510.00
12	13	2023121319	报销差旅费	300.00		借	48,810.00
12	26	2023122626	报销汽车加油费		800.00	借	48,010.00
		本月合计		50,300.00	52,290.00	借	48,010.00

图 7-32　库存现金总账样式

思考与练习

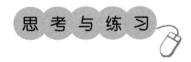

一、填空题

1. 设置将较长的文本在固定长度、宽度的单元格内完全显示的操作为________。
2. 去掉工作表中的网格线的操作为________。
3. 显示数据清单中的公式的操作为________。

4. 科目汇总表是根据_____，经过数据透视而来的。

5. 创建数据透视表，分_____步走，分别是_____。

二、思考题

1. 如何对某一范围的数据清单命名？
2. 如何利用 Excel 编制普通日记账、银行存款日记账、库存现金日记账？
3. 如何利用 Excel 编制科目汇总表？
4. 如何利用 Excel 编制科目余额表？
5. 如何利用 Excel 编制总分类账？

项目八　Excel在企业财务分析中的应用

☞ **学习目的**

理解财务指标分析、财务垂直分析和财务综合分析的具体内容及相关指标的含义，掌握利用Excel进行财务指标分析和财务垂直分析的方法及计算公式，能运用各项财务指标对财务数据进行综合分析。

任务一　财务分析概述

一、相关知识

财务分析是在现行会计准则、会计制度、税收法规体系下，以会计核算和财务报表资料及其他相关资料为依据，采用一系列专门的分析技术和方法，对企业等经济组织过去和现在有关筹资活动、投资活动、经营活动、分配活动的盈利能力、营运能力、偿债能力和发展能力等状况进行分析与评价的经济管理活动。

（一）财务分析的内涵

（1）财务分析是在企业经济分析、财务管理和会计基础上发展形成的一门综合性、边缘性学科。

（2）财务分析有完整的理论体系，从财务分析的内涵、财务分析的目的、财务分析的作用、财务分析的内容到财务分析的原则、财务分析的形式、财务分析的组织等都日趋成熟。

（3）财务分析有健全的方法论体系，如水平分析法、垂直分析法、趋势分析法、比率分析法等都是财务分析的专门和有效的分析方法。

（4）财务分析有系统客观的资料依据，最基本的资料是财务报表。财务分析使用的数据大部分来源于企业的财务报表。财务报表主要有资产负债表、利润表、现金流量表等。

(二) 财务分析的作用

财务分析对不同的信息使用者具有不同的作用。具体来说，主要体现在以下几个方面：

(1) 可以判断企业的财务实力。通过资产负债表和利润表等有关资料计算和分析相关指标，可以了解企业的资产结构和负债水平是否合理，从而判断企业的偿债能力、营运能力和盈利能力等财务实力，揭示企业在财务状况方面可能存在的问题。

(2) 可以评价和考核企业的经营业绩，揭示财务活动存在的问题。通过对相关指标的计算、分析和比较，能够评价和考核企业的盈利能力和资金周转状况，揭示其经营管理各个方面和各个环节的问题，找出差距，得出分析结论。

(3) 可以挖掘企业潜力，寻求提高企业经营管理水平和经济效益的途径。企业进行财务分析的目的不仅仅是发现问题，更重要的是分析问题和解决问题。企业可以通过各种财务分析，保持和进一步发挥生产经营管理中的优势，对存在的问题提出解决的策略和措施，以达到扬长避短、提高经营管理水平和经济效益的目的。

(4) 可以评价企业的发展趋势。通过各种财务分析，可以判断企业的发展趋势，预测其生产经营的前景及偿债能力，从而为企业管理层进行生产经营决策、投资者进行投资决策和债权人进行信贷决策提供重要的依据，避免其因决策失误而遭受重大损失。

(三) 财务分析的方法

1. 比较分析法

比较分析法是通过对两期或连续数期财务报告中的相同指标进行对比，找出企业财务状况、经营成果中存在的差异与问题。根据比较对象的不同，比较分析法可分为趋势分析法、横向比较法和预算差异分析法。比较分析法的具体运用主要有重要财务指标的比较、会计报表的比较和会计报表项目构成的比较三种方式。

2. 比率分析法

比率分析法是通过计算各种比率指标来确定财务活动变动程度的方法。比率指标主要有构成比率、效率比率和相关比率三类。

3. 因素分析法

因素分析法是根据分析指标与其影响因素的关系，从数量上确定各因素对分析指标影响方向和影响程度的一种方法。因素分析法具体有两种：连环替代法和差额分析法。

二、财务指标分析

(一) 偿债能力指标

偿债能力指标是企业财务管理的重要指标，是指企业偿还到期债务（包括本息）的能力。偿债能力指标包括短期偿债能力指标和长期偿债能力指标。

1. 短期偿债能力指标

(1) 流动比率。

公式：流动比率=流动资产合计/流动负债合计。

企业设置的标准值一般是 2。

说明：流动比率体现企业偿还短期债务的能力。流动资产越多，短期债务越少，则流动比率越大，企业的短期偿债能力越强。

> 提示：流动比率低于正常值，企业的短期偿债风险较大。一般情况下，营业周期、流动资产中的应收账款数额和存货的周转速度是影响流动比率的主要因素。

(2) 速动比率。

公式：速动比率=速动资产合计/流动负债合计。

企业设置的标准值一般是 1。

说明：速动资产包括货币资金、短期投资、应收票据、应收账款，可以在较短时间内变现。速动比率比流动比率更能体现企业偿还短期债务的能力，因为流动资产中尚包括变现速度较慢且可能已贬值的存货，所以将流动资产扣除存货再与流动负债对比，以衡量企业的短期偿债能力。

> 提示：企业的速动比率低于 1，通常被认为短期偿债能力偏低。影响速动比率可信性的重要因素是应收账款的变现能力，因为账面上的应收账款不一定都能变现，也不一定非常可靠。

2. 长期偿债能力指标

(1) 资产负债率。

公式：资产负债率=负债总额/资产总额。

企业设置的标准值一般是 0.7。

说明：资产负债率反映的是债权人提供的资本占企业全部资本的比例。该指标也被称为举债经营比率。

> 提示：资产负债率越大，企业面临的财务风险越大，获取利润的能力也越强。如果企业资金不足，靠欠债维持，导致资产负债率特别高，就应特别注意偿债风险。资产负债率在 66%~77%是比较合理、稳健的；达到 85%及以上时，应视为发出预警信号，企业应引起足够的注意。

(2) 产权比率。

公式：产权比率=负债总额/所有者权益总额。

企业设置的标准值一般是 1.2。

说明：产权比率反映的是债权人与股东提供的资本的相对比例。该指标反映企业的资本结构是否合理、稳定，同时也表明债权人投入资本受到股东权益保障的程度。

> 提示：一般来说，产权比率高，代表高风险、高报酬的财务结构；产权比率低，代表低风险、低报酬的财务结构。在通货膨胀时期，企业举债经营可以将损失和风险转移给债权人；在经济繁荣时期，企业举债经营可以获得额外的利润；在经济萎缩时期，企业少借债可以减轻利息负担和降低财务风险。

（3）有形净值债务率。

公式：有形净值债务率=负债总额/（所有者权益总额-无形资产净值）。

企业设置的标准值一般是1.5。

说明：有形净值债务率是产权比率指标的延伸，更为谨慎、保守地反映在企业清算时债权人投入资本受到股东权益保障的程度。该指标不考虑无形资产（包括商誉、商标、专利权和非专利技术等）的价值，因为它们不一定能用来还债，为谨慎起见，一律视为不能用于偿债。

> 提示：从长期偿债能力来看，较低的有形净值债务率说明企业有良好的偿债能力，举债规模正常。

（4）利息保障倍数。

公式：利息保障倍数=息税前利润/利息费用。

式中，息税前利润=企业的净利润+企业支付的利息费用+企业支付的所得税。

企业设置的标准值一般是2.5。

说明：利息保障倍数是指企业息税前利润相对于所需支付债务利息的倍数，可用来分析企业在一定盈利水平下支付债务利息的能力，为负值时没有任何意义。

> 提示：一般情况下，利息保障倍数越高，企业的长期偿债能力就越强。

（二）营运能力指标

营运能力是指企业的经营运行能力，即企业运用各项资产获取利润的能力。

1. 存货周转率

公式：存货周转率=销售（营业）成本/[（期初存货+期末存货）/2]。

企业设置的标准值一般是3。

说明：存货周转率是反映存货周转速度的主要指标。提高存货周转率，缩短营业周期，可以提高企业的变现能力。

提示：存货周转速度反映存货管理水平，存货周转率越高，则存货的资金占用水平越低、流动性越强，存货转换为现金或应收账款的速度越快。它不仅影响企业的短期偿债能力，也是整个企业管理的重要内容。

2. 存货周转天数

公式：存货周转天数=360/存货周转率=[360×(期初存货+期末存货)/2]/销售（营业）成本。

企业设置的标准值一般是120。

说明：存货周转天数是指企业购入存货、投入生产到销售收回所需要的天数。提高存货周转率，缩短存货周转天数，可以提高企业的变现能力。

3. 应收账款周转率

公式：应收账款周转率=销售（营业）收入/[(期初应收账款+期末应收账款)/2]。

企业设置的标准值一般是3。

说明：应收账款周转率越高，说明其收回越快；反之，说明营运资金过多呆滞在应收账款上，这会影响企业的正常资金周转及偿债能力。

提示：应收账款周转率要与企业的经营方式结合考虑。以下几种情况使用该指标不能反映实际情况：第一，季节性经营的企业；第二，大量使用分期收款结算方式；第三，大量使用现金结算的销售；第四，年末大量销售或年末销售大幅度下降。

4. 应收账款周转天数

公式：应收账款周转天数=360/应收账款周转率=[360×(期初应收账款+期末应收账款)/2]/销售（营业）收入。

企业设置的标准值一般是100。

说明：应收账款周转天数越少，说明其收回越快；反之，说明营运资金过多呆滞在应收账款上，这会影响企业的正常资金周转及偿债能力。

5. 流动资产周转率

公式：流动资产周转率=销售（营业）收入/平均流动资产总额。

平均流动资产总额是指企业流动资产总额的年初数与年末数的平均值。

说明：流动资产周转率反映企业流动资产的周转速度，是从企业全部资产中流动性最强的资产角度对企业资产的利用效率进行分析，以进一步揭示影响企业资产质量的主要因素。

提示：一般情况下，流动资产周转率越高，表明企业流动资产的周转速度越快，流动资产利用效率越高。在较快的周转速度下，流动资产会相对节约，相当于流动资产投入的增加，这在一定程度上会增强企业的盈利能力；而在较慢的周转速度下，需要补充流动资产参加周转，这会形成资金浪费，降低企业的盈利能力。

6. 总资产周转率

公式：总资产周转率=销售（营业）收入/平均资产总额。

平均资产总额是指企业资产总额的年初数与年末数的平均值。

说明：总资产周转率是评价企业资产运营效率的一项重要指标，体现了企业经营期间全部资产从投入到产出的流转速度，反映了企业全部资产的管理质量和利用效率。

提示：一般情况下，总资产周转率越高，表明企业总资产的周转速度越快，销售能力越强，资产利用效率越高。

（三）盈利能力指标

盈利能力就是企业获取利润的能力。不论是投资者还是债权人，都非常关心盈利能力指标。在分析企业的盈利能力时，应当排除证券买卖等非正常项目、已经或将要停止的营业项目、重大事故或法律更改等特别项目、会计政策和财务制度变更带来的累积影响数等因素。

1. 销售净利率

公式：销售净利率=净利润/销售收入×100%。

企业设置的标准值一般是10%。

说明：销售净利率反映每一元销售收入带来的净利润，表示销售收入的收益水平。

提示：企业在增加销售收入的同时，必须相应获取更多的净利润才能使销售净利率保持不变或有所提高。销售净利率可以分解为销售毛利率、销售税金率、销售成本率、销售期间费用率等指标进行分析。

2. 销售毛利率

公式：销售毛利率=（销售收入-销售成本）/销售收入×100%。

企业设置的标准值一般是15%。

说明：销售毛利率表示每一元销售收入扣除销售成本后，有多少钱可以用于各项期间费用和形成盈利。

提示：销售毛利率是企业销售净利率的基础，没有足够高的销售毛利率便不能形成盈利。企业可以按期分析销售毛利率，据此对销售收入、销售成本的发生及配比情况做出判断。

3. 营业利润率

公式：营业利润率=营业利润/营业收入×100%。

说明：营业利润=营业收入（主营业务收入+其他业务收入）-营业成本（主营业务成本+其他业务成本）-税金及附加-管理费用-销售费用-财务费用-资产减值损失+公允价值变动收益（损失为负）+投资收益（损失为负）。

提示：营业利润率越高，说明企业商品销售额提供的营业利润越多，企业的盈利能力越强；反之，说明企业的盈利能力越弱。

4. 资产净利率

公式：资产净利率=净利润/[（期初资产总额+期末资产总额）/2]×100%。

企业设置的标准值根据实际情况而定。

说明：资产净利率将企业一定期间内的净利润与企业的资产相比较，表明企业资产的综合利用效果。该指标越高，表明资产的利用效率越高，说明企业在增加收入和节约资金等方面取得了良好的效果，否则相反。

提示：资产净利率是一个综合指标。净利润的多少与企业资产的多少、资产的结构、经营管理水平有着密切的关系。影响资产净利率的因素有产品价格、单位产品成本、产品产量和销量、资金占用量等。可以结合杜邦财务分析体系来分析经营中存在的问题。

5. 净资产收益率

公式：净资产收益率=净利润/[（期初所有者权益总额+期末所有者权益总额）/2]×100%。

企业设置的标准值一般是8%。

说明：净资产收益率又称股东权益报酬率、净值报酬率、权益报酬率、权益利润率、净资产利润率，是净利润占平均股东权益的百分比，是企业税后利润除以净资产得到的比率。

提示：净资产收益率反映股东权益的收益水平，用于衡量企业运用自有资本的效率。该指标越高，说明投资带来的收益越高。该指标体现了自有资本获得净收益的能力。一般来说，负债增加会导致净资产收益率上升。

Excel 在财会中的应用

 Excel 在财务指标分析中的应用

财务指标分析是财务报表分析的重要内容。利用 Excel 建立财务指标分析模型，进行各种财务指标的计算和分析，操作简单，实用性强。下面就以金腾集团为例，利用其 2022 年度、2023 年度的财务报表进行财务指标分析。

一、建立财务指标分析模型

第一步：启动 Excel 软件，建立"财务数据分析表"工作簿。

第二步：建立"资产负债表"Excel 工作表，如图 8-1 所示。其中，合计项目和总计项目用 SUM 函数求得。

	A	B	C	D	E	F
1			资产负债表			
2	编制单位：金腾集团		2023年12月31日			单位：万元
3	资产	期末余额	期初余额	负债和所有者权益	期末余额	期初余额
4	流动资产：			流动负债：		
5	货币资金	870	650	短期借款	2270	1850
6	交易性金融资产	350	1000	应付账款	950	900
7	应收账款	1300	1200	预收款项	600	300
8	预付款项	85	50	其他应付款	115	110
9	存货	5180	4010	流动负债合计	3935	3160
10	其他流动资产	100	50	非流动负债：		
11	流动资产合计	7885	6960	长期借款	2190	1710
12	非流动资产：			非流动负债合计	2190	1710
13	持有至到期投资	350	200	负债合计	6125	4870
14	固定资产	15500	13010	所有者权益：		
15	无形资产	460	290	实收资本（或股本）	13500	12980
16	非流动资产合计	16310	13500	盈余公积	1670	1610
17				未分配利润	2900	1000
18				所有者权益合计	18070	15590
19	资产总计	24195	20460	负债和所有者权益总计	24195	20460

图 8-1 资产负债表

第三步：建立"利润表"Excel 工作表，如图 8-2 所示。其中，有些项目用公式求得。

项目八　Excel 在企业财务分析中的应用

	A	B	C
1		利润表	
2	编制单位：金腾集团	2023年度	单位：万元
3	项目	本期金额	上期金额
4	一、营业收入	32300	20900
5	减：营业成本	17500	13000
6	税金及附加	1350	1390
7	销售费用	1890	1710
8	管理费用	1010	810
9	财务费用	315	215
10	加：投资收益	300	290
11	二、营业利润	10535	4065
12	加：营业外收入	125	120
13	减：营业外支出	695	590
14	三、利润总额	9965	3595
15	减：所得税费用	2491.25	898.75
16	四、净利润	7473.75	2696.25

图 8-2　利润表

第四步：建立"财务指标分析模型"Excel 工作表，如图 8-3 所示。

	A	B
1		财务指标分析模型
2	项目	计算说明
3	一、偿债能力指标	
4	流动比率	流动资产合计/流动负债合计
5	速动比率	(货币资金+交易性金融资产+应收账款+应收票据)/流动负债合计
6	资产负债率	负债总额/资产总额
7	产权比率	负债总额/所有者权益总额
8	有形净值债务率	负债总额/(所有者权益总额-无形资产净值)
9	利息保障倍数	息税前利润/利息费用
10	二、营运能力指标	
11	存货周转率	销售(营业)成本/[(期初存货+期末存货)/2]
12	应收账款周转率	销售(营业)收入/[(期初应收账款+期末应收账款)/2]
13	流动资产周转率	销售(营业)收入/平均流动资产总额
14	总资产周转率	销售(营业)收入/平均资产总额
15	三、盈利能力指标	
16	营业利润率	营业利润/营业收入×100%
17	资产净利率	净利润/[(期初资产总额+期末资产总额)/2]×100%
18	净资产收益率	净利润/[(期初所有者权益总额+期末所有者权益总额)/2]×100%

图 8-3　财务指标分析模型

◆ 偿债能力指标。

从流动比率、速动比率、资产负债率、产权比率、有形净值债务率、利息保障倍数等指标进行分析。

◆ 营运能力指标。

从存货周转率、应收账款周转率、流动资产周转率、总资产周转率等指标进行分析。

◆ 盈利能力指标。

从营业利润率、资产净利率、净资产收益率等指标进行分析。

二、财务指标分析应用

第一步：根据"财务指标分析模型"，建立"财务指标分析表"Excel 工作表，并在相应单元格中输入公式，如图 8-4 所示。

财务指标分析应用

◆ 偿债能力指标。

在单元格 B4 中输入公式"=资产负债表!B11/资产负债表!E9"。

在单元格 B5 中输入公式"=(资产负债表!B5+资产负债表!B6+资产负债表!B7)/资产负债表!E9"。

在单元格 B6 中输入公式"=资产负债表!E13/资产负债表!B19"。

在单元格 B7 中输入公式"=资产负债表!E13/资产负债表!E18"。

在单元格 B8 中输入公式"=资产负债表!E13/(资产负债表!E18-资产负债表!B15)"。

在单元格 B9 中输入公式"=(利润表!B14+利润表!B9)/利润表!B9"。

◆ 营运能力指标。

在单元格 B11 中输入公式"=利润表!B5/((资产负债表!B9+资产负债表!C9)/2)"。

在单元格 B12 中输入公式"=利润表!B4/((资产负债表!B7+资产负债表!C7)/2)"。

在单元格 B13 中输入公式"=利润表!B4/((资产负债表!B11+资产负债表!C11)/2)"。

在单元格 B14 中输入公式"=利润表!B4/((资产负债表!B19+资产负债表!C19)/2)"。

◆ 盈利能力指标。

在单元格 B16 中输入公式"=利润表!B11/利润表!B4*100%"。

在单元格 B17 中输入公式"=利润表!B16/((资产负债表!B19+资产负债表!C19)/2)*100%"。

在单元格 B18 中输入公式"=利润表!B16/((资产负债表!E18+资产负债表!F18)/2)*100%"。

第二步：输入公式后，系统计算出各个指标的数值，结果如图 8-4 所示。

	A	B	C
1	财务指标分析表		
2	项目	2023年	计算公式数据引用说明
3	一、偿债能力指标		
4	流动比率	2.00	资产负债表!B11/资产负债表!E9
5	速动比率	0.64	(资产负债表!B5+资产负债表!B6+资产负债表!B7)/资产负债表!E9
6	资产负债率	25.32%	资产负债表!E13/资产负债表!B19
7	产权比率	33.90%	资产负债表!E13/资产负债表!E18
8	有形净值债务率	34.78%	资产负债表!E13/(资产负债表!E18-资产负债表!B15)
9	利息保障倍数	32.63	(利润表!B14+利润表!B9)/利润表!B9
10	二、营运能力指标		
11	存货周转率	3.81	利润表!B5/((资产负债表!B9+资产负债表!C9)/2)
12	应收账款周转率	25.84	利润表!B4/((资产负债表!B7+资产负债表!C7)/2)
13	流动资产周转率	4.35	利润表!B4/((资产负债表!B11+资产负债表!C11)/2)
14	总资产周转率	1.45	利润表!B4/((资产负债表!B19+资产负债表!C19)/2)
15	三、盈利能力指标		
16	营业利润率	32.62%	利润表!B11/利润表!B4*100%
17	资产净利率	33.47%	利润表!B16/((资产负债表!B19+资产负债表!C19)/2)*100%
18	净资产收益率	44.41%	利润表!B16/((资产负债表!E18+资产负债表!F18)/2)*100%

图 8-4　财务指标分析表

第三步：建立"财务指标对比分析表"Excel 工作表，在 C 列相应单元格中输入企业所在行业指标的标准值，与本企业的指标值进行对照分析，找出差异。通过差异分析，发现企业存在的问题，进而提出改进措施，做出预测和决策。同时也可以给出一定的结论，如在单元格 E4 中输入公式"＝IF（AND（D4>0，D4<2），"正常"，"异常"）"，并向下填充复制公式到单元格 E11，以一定的标准对差异做出评判，为财务报表使用者提供直观的参考意见，以引起其重视。结果如图 8-5 所示。

	A	B	C	D	E
1	财务指标对比分析表				
2	编制单位：金腾集团		2023年度		
3	项目	企业指标值	行业标准值	差异	评判
4	流动比率	2.00	2.00	0.00	正常
5	速动比率	0.64	1.00	-0.36	异常
6	资产负债率	25.32%	20.00%	5.32%	正常
7	利息保障倍数	32.63	2.46	30.17	异常
8	应收账款周转率	25.84	8.58	17.26	异常
9	营业利润率	32.62%	25.00%	7.62%	正常
10	资产净利率	33.47%	20.00%	13.47%	正常
11	净资产收益率	44.41%	15.00%	29.41%	正常

图 8-5　财务指标对比分析表

任务三　Excel 在垂直分析中的应用

一、垂直分析法概述

（一）垂直分析法的含义

垂直分析法又叫比较分析法，是以财务报表中各类数据为依据，将两期或连续多期的相同指标或比率进行定基对比，得出它们的增减变动方向、变动额和变动幅度，以揭示企业财务状况、经营情况和现金流量变化趋势的一种分析方法。

（二）垂直分析的具体方法

垂直分析是在财务报表比较的基础上发展而来的，它是以财务报表中的某个总体指标为100%，计算出各个项目占该总体指标的百分比，从而比较各个项目百分比的增减变动，以此判断有关财务活动的变化趋势。这种方法能准确地分析企业财务活动的发展趋势，既可用于同一企业不同时期财务状况的纵向比较，又可用于不同企业之间的横向比较。同时，这种方法还能消除不同时期（不同企业）之间业务规模差异的影响，有利于分析企业资产结构、资本结构的变动情况与合理性，以及企业的盈利水平。

二、垂直分析法的应用

应用垂直分析法时，通常要编制比较财务报表。沿用任务二中的企业财务报表数据资料，将常规的财务报表转换为垂直分析报表。

（一）垂直分析资产负债表

第一步：打开"财务数据分析表"工作簿，复制"资产负债表"Excel工作表，并将其重命名为"垂直分析资产负债表"。

第二步：添加2022年和2023年资产负债表的相关数据。

第三步：把"资产总计"作为总体指标，把资产的每个项目与"资产总计"相比。在单元格C5中输入公式"＝B5/$B$19＊100%"，并向下填充复制公式到单元格C19，得出资产中每个项目的占比。

第四步：把"负债和所有者权益总计"作为总体指标，把负债和所有者权益的每个项目与"负债和所有者权益总计"相比。在单元格H5中输入公式"＝G5/$G$19＊100%"，并向下填充复制公式到单元格H19，得出负债和所有者权益中每个项目的占比。

第五步：把上述方法应用到2022年占比（E列和J列）的计算中，得出相应的数据，如图8-6所示。

项目八　Excel 在企业财务分析中的应用

	A	B	C	D	E	F	G	H	I	J
1						垂直分析资产负债表				
2	编制单位：金腾集团				2023年12月31日					单位：万元
3	资产	2023年	占比	2022年	占比	负债和所有者权益	2023年	占比	2022年	占比
4	流动资产：					流动负债：				
5	货币资金	870	3.60%	650	3.18%	短期借款	2270	9.38%	1850	9.04%
6	交易性金融资产	350	1.45%	1000	4.89%	应付账款	950	3.93%	900	4.40%
7	应收账款	1300	5.37%	1200	5.87%	预收款项	600	2.48%	300	1.47%
8	预付款项	85	0.35%	50	0.24%	其他应付款	115	0.48%	110	0.54%
9	存货	5180	21.41%	4010	19.60%	流动负债合计	3935	16.26%	3160	15.44%
10	其他流动资产	100	0.41%	50	0.24%	非流动负债：				
11	流动资产合计	7885	32.59%	6960	34.02%	长期借款	2190	9.05%	1710	8.36%
12	非流动资产：					非流动负债合计	2190	9.05%	1710	8.36%
13	持有至到期投资	350	1.45%	200	0.98%	负债合计	6125	25.32%	4870	23.80%
14	固定资产	15500	64.06%	13010	63.59%	所有者权益：				
15	无形资产	460	1.90%	290	1.42%	实收资本（或股本）	13500	55.80%	12980	63.44%
16	非流动资产合计	16310	67.41%	13500	65.98%	盈余公积	1670	6.90%	1610	7.87%
17						未分配利润	2900	11.99%	1000	4.89%
18						所有者权益合计	18070	74.68%	15590	76.20%
19	资产总计	24195	100.00%	20460	100.00%	负债和所有者权益总计	24195	100.00%	20460	100.00%

图 8-6　垂直分析资产负债表

（二）垂直分析利润表

第一步：打开"财务数据分析表"工作簿，复制"利润表" Excel 工作表，并将其重命名为"垂直分析利润表"。

第二步：添加 2022 年和 2023 年利润表的相关数据。

垂直分析利润表示例

第三步：把"营业收入"作为总体指标，把利润表的每个项目与"营业收入"相比。在单元格 C5 中输入公式"=B5/$B$4*100%"，并向下填充复制公式到单元格 C16，得出利润表中每个项目的占比。

第四步：把上述方法应用到 2022 年占比（E 列）的计算中，得出相应的数据，如图 8-7 所示。

	A	B	C	D	E
1			利润表		
2	编制单位：金腾集团		2023年度		单位：万元
3	项目	2023年	占比	2022年	占比
4	一、营业收入	32300		20900	
5	减：营业成本	17500	54.18%	13000	62.20%
6	税金及附加	1350	4.18%	1390	6.65%
7	销售费用	1890	5.85%	1710	8.18%
8	管理费用	1010	3.13%	810	3.88%
9	财务费用	315	0.98%	215	1.03%
10	加：投资收益	300	0.93%	290	1.39%
11	二、营业利润	10535	32.62%	4065	19.45%
12	加：营业外收入	125	0.39%	120	0.57%
13	减：营业外支出	695	2.15%	590	2.82%
14	三、利润总额	9965	30.85%	3595	17.20%
15	减：所得税费用	2491.25	7.71%	898.75	4.30%
16	四、净利润	7473.75	23.14%	2696.25	12.90%

图 8-7　垂直分析利润表

Excel 在财会中的应用

垂直分析资产负债表和垂直分析利润表的计算结果可以用于分析企业的资产、负债和所有者权益及利润的变化趋势，也可以用于分析采取何种有效措施来改善企业的财务状况和经营成果。

任务四　Excel 在财务综合分析中的应用

一、财务综合分析概述

财务综合分析就是将有关财务指标按其内在联系结合起来，系统、全面、综合地对企业的财务状况和经营成果进行剖析、解释和评价，说明企业整体财务状况和经营成果的优劣。

每个企业的财务指标都有很多，而单项财务指标只能说明问题的某一个方面，且不同财务指标之间可能会有一定的矛盾或不协调性。例如，偿债能力很强的企业，其盈利能力可能会很弱；或偿债能力很强的企业，其营运能力可能会比较差。所以，只有将一系列的财务指标有机地联系起来，作为一套完整的体系，相互配合，做出系统的评价，才能对企业经济活动的总体变化规律做出本质的描述，才能对企业的财务状况和经营成果得出总括性的结论。财务综合分析的意义也正在于此。

目前，财务综合分析的主要方法有杜邦分析法、沃尔评分法等。最常用的是杜邦分析法。本任务结合企业实际，主要介绍杜邦分析法的应用。

二、杜邦分析法要点

（一）杜邦分析法的含义

杜邦分析法又称杜邦财务分析体系，是利用各主要财务指标之间的内在联系来综合分析企业财务状况的方法。杜邦分析法是由美国杜邦公司于 1910 年首先采用的。这种方法主要是利用一些基本的财务比率之间的内在数量关系，建立一套系列相关的财务指标的综合模型，从投资者对企业要求的最终目标出发，经过层层指标分解，从而能系统地分析和了解影响企业最终财务目标实现的各项因素的作用机制。

（二）杜邦分析法的特点

（1）杜邦分析法将若干个用于评价企业经营效率和财务状况的比率按其内在联系有机地结合起来，形成一个完整的指标体系，并最终通过净资产收益率来综合反映。

（2）杜邦分析法使财务比率分析的层次更清晰、条理更突出，为报表分析者全面、仔细地了解企业的经营效率和盈利状况提供方便。

（3）杜邦分析法有助于企业管理层更加清晰地看到净资产收益率的决定因素，以及销售净利率与总资产周转率、债务比率之间的相互关系，给管理层提供了一张明晰的考察企业资产管理效率和是否最大化股东投资回报的路线图。

(三) 杜邦财务分析体系图

杜邦财务分析体系的内容可用杜邦财务分析体系图来表示（图 8-8）。

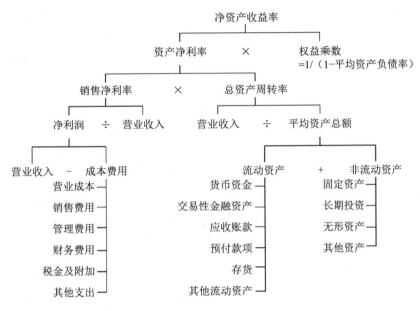

图 8-8　杜邦财务分析体系图

(四) 杜邦财务分析体系反映的财务比率关系

杜邦财务分析体系主要反映了以下财务比率关系：

（1）净资产收益率与资产净利率和权益乘数之间的关系。

$$净资产收益率 = 资产净利率 \times 权益乘数$$

$$权益乘数 = 平均总资产 / 平均净资产 = 1 / (1 - 平均资产负债率)$$

（2）资产净利率与销售净利率和总资产周转率之间的关系。

$$资产净利率 = 销售净利率 \times 总资产周转率$$

$$销售净利率 = 净利润 / 营业收入$$

$$总资产周转率 = 营业收入 / 平均资产总额$$

杜邦财务分析体系在揭示上述几种关系之后，再将净利润、总资产进行层层分解，这样就可以全面、系统地揭示企业的财务状况及财务系统内部各个因素之间的相互关系。

(五) 杜邦财务分析体系图反映的主要财务指标

杜邦财务分析体系图提供了以下主要财务指标关系的信息：

（1）净资产收益率是一个综合性最强的财务比率，是杜邦财务分析体系的核心。它反映所有者投入资本的获利能力，同时也反映企业筹资、投资、资产运营等活动的效率。决定净资产收益率高低的因素有三个：权益乘数、销售净利率和总资产周转率。权益乘数、销售净利率和总资产周转率分别反映了企业的负债比率、盈利能力比率和资产管理效率比率。

（2）权益乘数主要受资产负债率影响。负债比率越大，权益乘数越高，说明较高的负债程度能给企业带来较多的杠杆利益，同时也会给企业带来较大的风险。

（3）资产净利率是一个综合性的指标，同时受到销售净利率和总资产周转率的影响。资产净利率说明企业资产利用的效果，影响资产净利率的因素有产品价格、单位产品成本、产品产量和销量、资金占用量等，可以用它来分析经营中存在的问题，提高销售利润率，加速资金周转。

（4）销售净利率反映企业净利润与销售收入的关系，从这个意义上看，提高销售净利率是提高企业盈利能力的关键所在。要想提高销售净利率：一是要提高销售收入；二是要降低成本费用，而降低各项成本费用开支是企业财务管理的一项重要内容。通过各项成本费用开支的列示，有利于企业进行成本费用的结构分析，加强成本控制，以便为寻求降低成本费用的途径提供依据。该指标可以进一步分解为销售毛利率、销售税金率、销售成本率、销售期间费用率等指标。

（5）总资产周转率反映总资产的周转速度，总资产的周转速度越快，表明企业的销售能力越强。该指标可以进一步分解为长期资产周转率、流动资产周转率、应收账款周转率等指标。

综上所述，杜邦分析法以净资产收益率为主线，将企业在某一时期的销售成果和资产运营状况全面联系在一起，层层分解，逐步深入，构成一个完整的分析体系。它能较好地帮助管理者发现企业财务管理和经营管理中存在的问题，能够为改善企业的经营管理提供十分有价值的信息，因而得到普遍的认同并在实际工作中得到广泛的应用。

三、杜邦分析法的应用

运用杜邦分析法不但可以了解企业各项财务指标之间的结构关系，还可以查明影响各项主要财务指标增减变动的因素及存在的问题，为财务管理信息使用者了解企业经营状况、提高经营效益提供决策依据。

下面就以任务二中的企业财务报表数据资料为例，对金腾集团净资产收益率做出分析。

第一步：打开"财务数据分析表"工作簿，建立"杜邦分析表"Excel工作表，在相应的单元格中输入相关财务指标名称。

第二步：定义相应指标公式，数据来源于资产负债表和利润表，如图8-9所示。

杜邦分析法计算题例

	A	B	C	D	E	F	G	H	I	J
1						净资产收益率				
2						=E5*G5				
3										
4				资产净利率		×		权益乘数		
5				=D8*G8			=资产负债表!B19/资产负债表!E18			
6										
7				销售净利率		×		总资产周转率		
8				=C11/E11				=F11/H11		
9										
10			净利润		营业收入	营业收入	÷		平均资产总额	
11			=利润表!B16		=利润表!B4	=利润表!B4		=(资产负债表!B19+资产负债表!C19)/2		
12										
13										

图 8-9　杜邦分析表相应指标公式定义

第三步：公式定义完毕后，得到计算结果，如图 8-10 所示。

	A	B	C	D	E	F	G	H	I
1						净资产收益率			
2						=E5*G5			
3									
4					资产净利率	×		权益乘数	
5					33.47%			1.34	
6									
7					销售净利率	×		总资产周转率	
8					23.14%			1.45	
9									
10			净利润	÷	营业收入	营业收入	÷		平均资产总额
11			7473.75		32300	32300			22327.50
12									
13									

图 8-10　杜邦分析表相应指标计算结果

一、写出财务指标的公式

1. 短期偿债能力指标

（1）流动比率

（2）速动比率

2. 长期偿债能力指标

（1）资产负债率

（2）产权比率

（3）有形净值债务率

（4）利息保障倍数

3. 营运能力指标

（1）存货周转率

（2）存货周转天数

（3）应收账款周转率

（4）应收账款周转天数

（5）流动资产周转率

（6）总资产周转率

4. 盈利能力指标

（1）销售净利率

（2）销售毛利率

（3）营业利润率

（4）资产净利率

（5）净资产收益率

二、案例实践题

根据金盛公司 2023 年度的财务报表进行财务指标分析。"资产负债表"如图 8-11 所示，"利润表"如图 8-12 所示。

	A	B	C	D	E	F
1	资产负债表					
2	编制单位：金盛公司		2023年12月31日			单位：万元
3	资产	期末余额	期初余额	负债和所有者权益	期末余额	期初余额
4	流动资产：			流动负债：		
5	货币资金	850	750	短期借款	2250	1950
6	交易性金融资产	450	1100	应付账款	1050	1000
7	应收账款	1200	1300	预收款项	500	400
8	预付款项	80	30	其他应付款	110	90
9	存货	5200	4000	流动负债合计	3910	3440
10	其他流动资产	80	60	非流动负债：		
11	流动资产合计	7860	7240	长期借款	2290	1910
12	非流动资产：			非流动负债合计	2290	1910
13	持有至到期投资	400	400	负债合计	6200	5350
14	固定资产	15000	13100	所有者权益：		
15	无形资产	540	360	实收资本（或股本）	13100	13100
16	非流动资产合计	15940	13860	盈余公积	1600	1600
17				未分配利润	2900	1050
18				所有者权益合计	17600	15750
19	资产总计	23800	21100	负债和所有者权益总计	23800	21100

图 8-11 资产负债表

	A	B	C
1	利润表		
2	编制单位：金腾集团	2023年度	单位：万元
3	项目	本期金额	上期金额
4	一、营业收入	21300	18900
5	减：营业成本	13100	11900
6	税金及附加	1100	1180
7	销售费用	1850	1570
8	管理费用	1000	800
9	财务费用	305	205
10	加：投资收益	345	295
11	二、营业利润	4290	3540
12	加：营业外收入	195	100
13	减：营业外支出	645	600
14	三、利润总额	3840	3040
15	减：所得税费用	960	760
16	四、净利润	2880	2280

图 8-12　利润表

1. 从流动比率、速动比率、资产负债率、产权比率、有形净值债务率等指标进行偿债能力分析。

2. 从存货周转率、应收账款周转率、流动资产周转率、总资产周转率等指标进行营运能力分析。

3. 从营业利润率、资产净利率、净资产收益率等指标进行盈利能力分析。

4. 对金盛公司所有者权益率做出分析。

Excel 在财会中的应用

Excel 在财务管理预测中的应用

学习目的

理解方案管理器、单变量求解、模拟运算表、规划求解等模拟分析的具体含义，掌握其操作步骤和使用方法，能结合案例运用模拟分析来解决实际工作中的问题，提高管理效率。

在 Excel 中使用模拟分析工具，可以在一个或多个公式中使用多种值集浏览各种不同的结果，从而解决财务分析、统计分析、工程分析等方面的问题。Excel 提供三种类型的模拟分析工具：方案管理器、单变量求解和模拟运算表。除了这三种工具外，还可以安装加载项，如规划求解、分析工具库等。

任务一　方案管理器

一、方案管理器概述

方案是一套由 Excel 保存的值，可以在工作表上自动替换。用户可以创建方案并将其保存为不同组的值，以查看不同的结果。

Excel 中的方案管理器能够帮助用户创建和管理方案，一个方案可以具有多个变量，最多可以容纳 32 个值。使用方案管理器，用户能够方便地在不同方案之间进行切换，结果单元格会随之发生变化，通过不同结果的对比分析，选择最佳方案。

二、方案管理器的操作步骤

（1）分析需求，建立方案模型。

（2）启动方案管理器，制订并管理方案。

(3) 生成方案摘要或方案数据透视表。

(4) 根据分析，确定最佳方案。

三、方案管理器的应用

金腾集团计划购买一辆商务用车，准备贷款 50 万元。现有四家银行愿意提供贷款，但这四家银行提出的贷款条件（贷款额度、贷款利率和偿还年限）都不一样，相关资料如图 9-1 所示。

方案管理器应用题例

	A	B	C	D
1	项目\银行	贷款额度	贷款利率	偿还年限
2	建设银行	560000	5.2%	11
3	招商银行	500000	4.9%	8
4	交通银行	540000	5.1%	16
5	江苏银行	500000	4.8%	12

图 9-1　设置不同贷款方案

（一）方案管理器的建立

第一步：根据上述条件，建立方案管理器模型，并在单元格 D9 中输入公式"=PMT(B9/12，B10*12，B8)"，求出每月的还款额，如图 9-2 所示。

	A	B	C	D
1	方案管理器			
2	项目\银行	贷款额度	贷款利率	偿还年限
3	建设银行	560000	5.2%	11
4	招商银行	500000	4.9%	8
5	交通银行	540000	5.1%	16
6	江苏银行	500000	4.8%	12
7	方案管理器模型			
8	贷款额度			月还款额
9	贷款利率		所求值	
10	偿还年限			

图 9-2　建立方案管理器模型

第二步：在【数据】选项卡下的【预测】组中单击【模拟分析】按钮，然后在弹出的快捷菜单中选择【方案管理器】选项，打开【方案管理器】对话框，如图 9-3 所示。

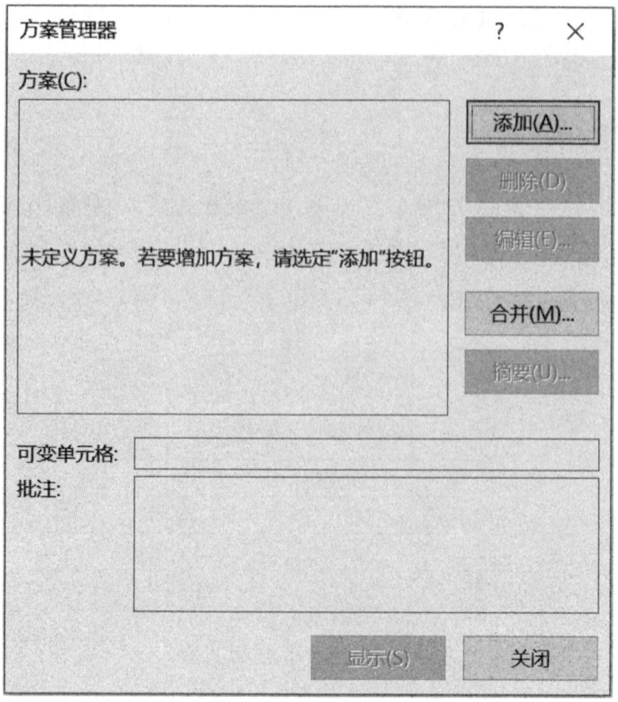

图 9-3 【方案管理器】对话框

第三步：在【方案管理器】对话框中单击【添加】按钮，打开【编辑方案】对话框，输入方案名"建设银行"，选择可变单元格"$B$8:$B$10"，勾选【防止更改】，如图 9-4 所示。

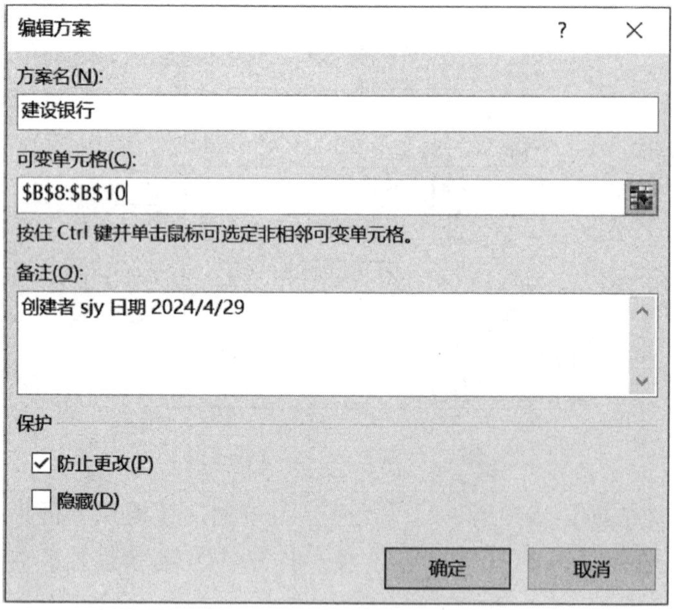

图 9-4 【编辑方案】对话框

第四步：单击【确定】按钮，打开【方案变量值】对话框，输入建设银行的相关数据，如图 9-5 所示。

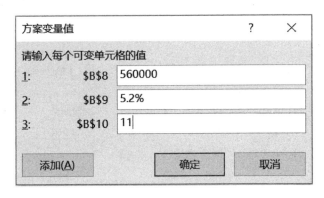

图 9-5 【方案变量值】对话框

第五步：单击【确定】按钮，回到【方案管理器】对话框。依此类推，可以添加其他几家银行的方案。同时，还可以查看每个方案的结果，如选中【江苏银行】，单击【显示】按钮，表中"方案管理器模型"即显示江苏银行的相关数据，如图 9-6 所示。

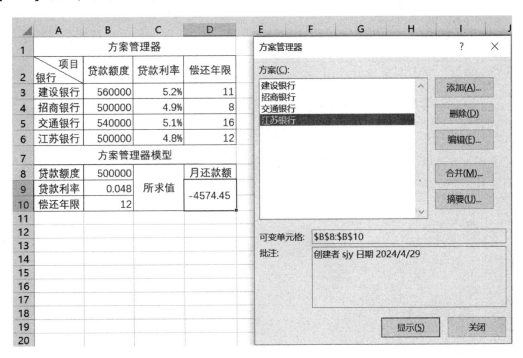

图 9-6 方案管理器显示功能

第六步：在【方案管理器】对话框中，如果想删除方案，可以选中方案名，单击【删除】按钮。如果想修改方案，可以选中方案名，单击【编辑】按钮，修改方案的操作步骤与建立方案的操作步骤相同。

（二）摘要输出

第一步：在【方案管理器】对话框中，单击【摘要】按钮，弹出【方案摘要】对话框，如图9-7所示。

如果选择【方案摘要】，系统自动建立"方案摘要"工作表。

如果选择【方案数据透视表】，系统自动建立"方案数据透视表"工作表。

第二步：这里，我们选择【方案摘要】，系统自动建立"方案摘要"工作表，如图9-8所示。

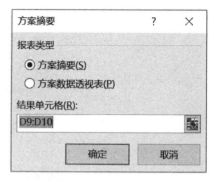

图9-7 【方案摘要】对话框

方案摘要	当前值	建设银行	招商银行	交通银行	江苏银行
可变单元格：					
$B$8	560000	560000	500000	540000	500000
$B$9	0.052	0.052	0.049	0.051	0.048
$B$10	11	11	8	16	12
结果单元格：					
$D$9	-5579.74	-5579.74	-6306.18	-4120.01	-4574.45
$D$10					

注释："当前值"这一列表示的是在建立方案汇总时，可变单元格的值。
每组方案的可变单元格均以灰色底纹突出显示。

图9-8 方案摘要输出

从图9-8可以看到四家银行的数据信息和每月的还款额，企业可以根据实际情况，选择最佳的贷款方案。

任务二 规划求解

一、规划求解概述

（一）规划求解的含义

规划求解是Excel加载项程序，可用于模拟分析。简单地说，规划求解是一组命令的组成部分，这些命令有时也称作假设分析工具。借助于规划求解，可求得工作表上某个单元格（被称为目标单元格）中公式（可以是单元格中的一系列值单元格引用名称或运算符的组合，可生成新的值）的最优（最大或最小）值。

（二）规划求解相关设置

1. 设置变量单元格

变量单元格又称可变单元格，规划求解通过调整所指定的可变单元格中的值，从目标单元格公式中求得所需的结果。

2. 设置约束条件

约束条件是指在【规划求解参数】对话框中设置的限制条件。可以将约束条件应用于可变单元格、目标单元格或其他与目标单元格直接或间接相关的单元格。约束条件可以引用其他影响目标单元格公式的单元格。

3. 设置目标单元格

目标单元格用于存放计算结果。目标单元格中的公式将对直接或间接与之相关的一组单元格中的数值进行调整。

（三）规划求解加载宏

若要使用规划求解加载项，首先需要在 Excel 中加载它。操作步骤如下：

选择【文件】选项卡下的【选项】选项，打开【Excel 选项】对话框，单击【加载项】，在【加载项】列表框中选择【规划求解加载项】，单击【确定】按钮。单击【开发工具】选项卡下【加载项】组中的【Excel 加载项】按钮，在弹出的【加载宏】对话框中勾选【规划求解加载项】，单击【确定】按钮，如图 9-9 所示。

图 9-9 加载规划求解加载项对话框

加载规划求解加载项之后，【数据】选项卡下就增加了【分析】组，【规划求解】

命令就出现在【分析】组中。

二、规划求解的应用

（一）制订最佳生产规划方案

金腾集团生产甲、乙、丙三种产品，单位产品的净利润分别为 100 元、60 元、40 元；使用的机器工时分别为 3 h、4 h、5 h，手工工时分别为 4 h、3 h、2 h。由于产品数量和品种受到制约，机器工时最多为 600 h，手工工时最多为 300 h；甲产品数量最多不能超过 40 件，乙产品至少要生产 15 件，丙产品至少要生产 25 件。试问应该如何安排甲、乙、丙三种产品的生产数量才能获取最大利润？

规划求解计算题例（生产规划）

思路：建立数学模型，设甲、乙、丙三种产品的生产数量分别为 X_1、X_2 和 X_3；利润为 $F(x)$。

目标函数：

$maxF(x) = 100 * X_1 + 60 * X_2 + 40 * X_3$

约束条件：

$3 * X_1 + 4 * X_2 + 5 * X_3 <= 600$

$4 * X_1 + 3 * X_2 + 2 * X_3 <= 300$

$X_1 <= 40$

$X_2 >= 15$

$X_3 >= 25$

X_1、X_2 和 X_3 均为整数。

操作步骤如下：

第一步：在"模拟分析表"工作簿中建立"规划求解计算模型（生产规划）"Excel 工作表，根据案例分析建立相关公式，如图 9-10 所示。

	A	B	C	D
1	规划求解计算模型（生产规划）			
2	变量（产量）	甲产品	X_1	
3		乙产品	X_2	
4		丙产品	X_3	
5	约束条件（工时、产量）	使用机器工时	G_1	=3*D2+4*D3+5*D4
6		使用手工工时	G_2	=4*D2+3*D3+2*D4
7		甲产品最大生产量	G_3	=D2
8		乙产品最小生产量	G_4	=D3
9		丙产品最小生产量	G_5	=D4
10	目标（利润）	最大利润	$F(x)$	=100*D2+60*D3+40*D4

图 9-10 规划求解计算题例（生产规划）

第二步：单击【数据】选项卡下【分析】组中的【规划求解】按钮，打开【规划求解参数】对话框，分别设置目标单元格、可变单元格、约束条件等，如图9-11所示。

图9-11 【规划求解参数】对话框

第三步：在【遵守约束】中单击【添加】按钮，打开【添加约束】对话框，进行约束条件的设置，如图9-12所示。

图9-12 【添加约束】对话框

第四步：按照约束条件，进行逐一添加，如图9-13所示。

图 9-13 【规划求解参数】对话框中的遵守约束设置

第五步：全部设置完毕后，单击【求解】按钮，打开【规划求解结果】对话框，如图 9-14 所示。

第六步：单击【确定】按钮，完成规划求解。计算结果如图 9-15 所示。

由规划求解结果可知，当 $X_1=40$、$X_2=28$、$X_3=28$ 时，目标利润值最大，即 $F(x)=6\ 800$。

图 9-14 【规划求解结果】对话框

项目九 Excel 在财务管理预测中的应用

	A	B	C	D
1	规划求解计算模型（生产规划）			
2	变量（产量）	甲产品	X_1	40
3		乙产品	X_2	28
4		丙产品	X_3	28
5	约束条件（工时、产量）	使用机器工时	G_1	372
6		使用手工工时	G_2	300
7		甲产品最大生产量	G_3	40
8		乙产品最小生产量	G_4	28
9		丙产品最小生产量	G_5	28
10	目标（利润）	最大利润	F(x)	6800

图 9-15　规划求解计算结果（生产规划）

（二）制订最佳投资方案

金腾集团有一笔 1 000 万元的闲置资金，可以用于证券投资和购买理财产品。假定证券投资年收益率为 10%，购买理财产品年收益率为 6%。考虑风险因素，设置证券投资不能大于购买理财产品的 25%。试问应该如何制订投资计划才能获得最佳收益？

规划求解计算题例（投资规划）

思路：建立数学模型，设证券投资、购买理财产品分别为 X_1 和 X_2；利润为 F(x)。

目标函数：

$maxF(x) = 0.1 * X_1 + 0.06 * X_2$

约束条件：

$X_1 + X_2 <= 1\,000$

$X_1 <= 0.25 * X_2$

$X_1 > 0$，且为整数

$X_2 > 0$，且为整数。

操作步骤如下：

第一步：在"模拟分析表"工作簿中建立"规划求解计算模型（投资规划）"Excel 工作表，根据案例分析建立相关公式，如图 9-16 所示。

	A	B	C	D
1	规划求解计算模型（投资规划）			
2	变量（投资额）	证券投资	X_1	
3		购买理财产品	X_2	
4	约束条件（资产配置）	总投资额	G_1	=D2+D3
5		证券投资不能大于购买理财产品的25%	G_2	=D2-0.25*D3
6	目标（收益）	最大收益	F(x)	=0.1*D2+0.06*D3

图 9-16　规划求解计算题例（投资规划）

219

第二步：单击【数据】选项卡下【分析】组中的【规划求解】按钮，打开【规划求解参数】对话框，分别设置目标单元格、可变单元格、约束条件等，操作步骤可以参照上一个案例。按照约束条件，进行逐一添加，如图 9-17 所示。

图 9-17 【规划求解参数】对话框中的遵守约束设置

第三步：全部设置完毕后，单击【求解】按钮，打开【规划求解结果】对话框，单击【确定】按钮，完成规划求解。计算结果如图 9-18 所示。

	A	B	C	D
1	规划求解计算模型（投资规划）			
2	变量（投资额）	证券投资	X_1	200
3		购买理财产品	X_2	800
4	约束条件（资产配置）	总投资额	G_1	1000
5		证券投资不能大于购买理财产品的25%	G_2	0
6	目标（收益）	最大收益	$F(x)$	68

图 9-18 规划求解计算结果（投资规划）

由规划求解结果可知，当 $X_1=200$、$X_2=800$ 时，投资收益最大，即 $F(x)=68$。

任务三 模拟运算表

模拟运算表是进行预测分析的一种工具,它可以显示 Excel 工作表中一个或多个数据变量的变化对计算结果的影响,求得某一过程中可能发生的数值变化,同时将这一变化列在表中以便于比较。根据需要观察的数据变量的多少,可以将模拟运算表分为单变量模拟运算表和双变量模拟运算表两种形式。

一、单变量模拟运算表

单变量模拟运算表的输入值纵排成一列(列方向)或横排成一行(行方向)。单变量模拟运算表中使用的公式必须仅引用一个可变单元格。下面以金腾集团为例,介绍单变量模拟运算表的使用方法。

【案例 9-1】 金腾集团有一项房地产投资,总成本为 4 000 万元,希望每年的回报率为 9%,请问需要多少年能收回成本?每个月收回多少?

操作步骤如下:

第一步:分析案例资料,建立"单变量模拟运算表模型"Excel 工作表,并在单元格 B6 中输入公式"=PMT(B1/12,B3*12,-B2)",如图 9-19 所示。

	A	B
1	年回报率	9%
2	总成本	40000000
3	年限	10
4	单变量模拟运算表模型	
5	模拟运算表	每月收回金额
6	收回年限	506703.10
7	4	
8	5	
9	6	
10	7	
11	8	
12	9	
13	10	
14	11	
15	12	
16	13	
17	14	

图 9-19 单变量模拟运算题例(投资收回)

第二步：选中单元格 A6 到 B17 区域，在【数据】选项卡下的【预测】组中单击【模拟分析】按钮，然后在弹出的快捷菜单中选择【模拟运算表】选项，打开【模拟运算表】对话框。如果模拟运算表是行方向的，在【输入引用行的单元格】框中输入单元格引用；如果模拟运算表是列方向的，在【输入引用列的单元格】框中输入单元格引用。这里选择列方向，输入"B3"，也就是把年限作为变量，如图 9-20 所示。

图 9-20　【模拟运算表】对话框

第三步：单击【确定】按钮，即完成模拟运算，如图 9-21 所示。

	A	B
1	年回报率	9%
2	总成本	40000000
3	年限	10
4	单变量模拟运算表模型	
5	模拟运算表	每月收回金额
6	收回年限	506703.10
7	4	995401.69
8	5	830334.21
9	6	721021.49
10	7	643563.13
11	8	586008.13
12	9	541716.35
13	10	506703.10
14	11	478432.16
15	12	455212.28
16	13	435872.21
17	14	419575.00

图 9-21　单变量模拟运算结果（投资收回）

【案例 9-2】　金腾集团销售甲产品，单价为 15 元/件，单位变动成本为 11 元/件，固定成本总额为 9 万元，产销能力为 10 万件。在单价和单位变动成本变化的情况下，计算销售收入、总成本、利润、保本销量和保本销售额。

操作步骤如下：

第一步：分析案例资料，建立数据分析表模型，并在相应的单元格中输入公式。在单元格 B5 中输入公式"=B1∗B4"，即销售收入=销售量×单价；在单元格 B6 中输入公式"=B2+B1*B3",即总成本=固定成本+销售量×单位变动成本;在单元格 B7 中输入公式"=B5-B6",即利润=销售收入-总成本;在单元格 B8 中输入公式"=B2/(B4-B3)",即保本销量=固定成本/(单价-单位变动成本);在单元格 B9 中输入公式"=B8*B4",即保本销售额=保本销量×单价,如图 9-22 所示。

	A	B
1	销售量/件	100000
2	固定成本/元	90000
3	单位变动成本/(元/件)	11
4	单价/(元/件)	15
5	销售收入/元	=B1*B4
6	总成本/元	=B2+B1*B3
7	利润/元	=B5-B6
8	保本销量/件	=B2/(B4-B3)
9	保本销售额/元	=B8*B4

图 9-22 单变量模拟运算题例(单价和单位变动成本变化)

第二步:建立"单变量模拟运算表模型"Excel 工作表,并定义公式。这里把"单价"作为变量。固定成本、销售收入、总成本、利润、保本销量和保本销售额下方对应的单元格的内容分别等于 B2、B5、B6、B7、B8、B9,如图 9-23 所示。

11		单变量模拟运算表模型			单击右侧滚动条可以改变单价	< >	单位: 元
12	单位变动成本	固定成本	销售收入	总成本	利润	保本销量	保本销售额
13		90000	1500000	1190000	310000	22500	337500
14	10.0						
15	10.3						
16	10.6						
17	10.9						
18	11.2						
19	11.5						
20	11.8						
21	12.1						
22	12.4						
23	12.7						

图 9-23 建立单变量模拟运算表模型

第三步:【单价】通过设置滚动条来实现变化。滚动条设置操作如下。

在【开发工具】选项卡下的【控件】组中,选择【插入】控件中的【滚动条】控件。

右击【滚动条】控件,打开【设置控件格式】对话框。在各个框内分别输入相应的数值,在【单元格链接】框内选择单元格"B4",如图 9-24 所示。单击【确定】按钮后退出设置。

图 9-24 【设置控件格式】对话框

第四步：选中单元格 A13 到 G23 区域，在【数据】选项卡下的【预测】组中单击【模拟分析】按钮，然后在弹出的快捷菜单中选择【模拟运算表】选项。在【输入引用列的单元格】框中，输入单元格引用"B3"，如图 9-25 所示。

图 9-25 【模拟运算表】对话框

第五步：单击【确定】按钮，即完成模拟运算，结果如图 9-26 所示。如果想改变单价，可以用滚动条来实现。

11		单变量模拟运算表模型			单击右侧滚动条可以改变单价			单位：元
12	单位变动成本	固定成本	销售收入	总成本	利润		保本销量	保本销售额
13		90000	1500000	1190000	310000		22500	337500
14	10.0	90000	1500000	1090000	410000		18000	270000
15	10.3	90000	1500000	1120000	380000		19149	287234
16	10.6	90000	1500000	1150000	350000		20455	306818
17	10.9	90000	1500000	1180000	320000		21951	329268
18	11.2	90000	1500000	1210000	290000		23684	355263
19	11.5	90000	1500000	1240000	260000		25714	385714
20	11.8	90000	1500000	1270000	230000		28125	421875
21	12.1	90000	1500000	1300000	200000		31034	465517
22	12.4	90000	1500000	1330000	170000		34615	519231
23	12.7	90000	1500000	1360000	140000		39130	586957

图 9-26　单变量模拟运算结果（单价和单位变动成本变化）

二、单变量求解简介

（一）单变量求解概述

单变量求解是根据所提供的目标值，将引用单元格的值不断调整，直至达到所要求的公式的目标值时，变量的值才确定。

（二）单变量求解的操作步骤

（1）分析需求，建立单变量求解模型。

（2）启动单变量求解，确定目标值及相关可变数据。

（3）根据设定条件求解。

三、单变量求解的应用

【案例 9-3】　金腾集团计划处置一套商业房产，面积为 600 平方米，若希望缴纳税费后的净值能达到 2 700 万元，则合同金额应该是多少？假定各项税费等支出如图 9-27 所示。

单变量求解题例

	A	B	C
1	项目	比率（按售价）	金额/万元
2	清理费	3.0%	
3	评估费	1.5%	
4	中介费	0.5%	
5	印花税	0.1%	
6	其他	3.0%	

图 9-27　商业房产处置税费资料

操作步骤如下：

第一步：根据上述条件，建立"单变量求解模型"Excel 工作表，并在单元格 C3

到 C7 中分别输入公式，也就是"=合同金额*对应的比率"，并在单元格 C9 中输入公式"=C8-C3-C4-C5-C6-C7"，如图 9-28 所示。

	A	B	C
1		单变量求解模型	
2	项目	比率（按售价）	金额/万元
3	清理费	3.0%	=C8*B3
4	评估费	1.5%	=C8*B4
5	中介费	0.5%	=C8*B5
6	印花税	0.1%	=C8*B6
7	其他	3.0%	=C8*B7
8	合同金额		
9	税费后净额		=C8-C3-C4-C5-C6-C7

图 9-28　建立单变量求解模型

第二步：在【数据】选项卡下的【预测】组中单击【模拟分析】按钮，然后在弹出的快捷菜单中选择【单变量求解】选项，打开【单变量求解】对话框。在【目标单元格】框中，输入单元格的引用，这里是"C9"；在【目标值】框中，输入用户希望得到的数额，这里是"2700"；在【可变单元格】框中，输入要调整的值的单元格引用，这里是"C8"，如图 9-29 所示。

第三步：单击【确定】按钮进行求解，系统显示【单变量求解状态】对话框，如图 9-30 所示。

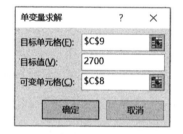
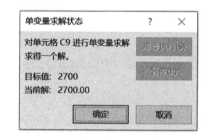

图 9-29　【单变量求解】对话框　　图 9-30　【单变量求解状态】对话框

第四步：单击【确定】按钮，显示求解结果，如图 9-31 所示。

	A	B	C
1		单变量求解模型	
2	项目	比率（按售价）	金额/万元
3	清理费	3.0%	88.14
4	评估费	1.5%	44.07
5	中介费	0.5%	14.69
6	印花税	0.1%	2.94
7	其他	3.0%	88.14
8	合同金额		2937.98
9	税费后净额		2700.00

图 9-31　商业房产单变量求解结果

从求解结果可以看出，在给定的条件下，如果得到的税费后净额为 2 700 万元，合同金额应该是 2 937.98 万元。

【案例 9-4】 金腾集团本月下达的目标利润为 8 000 万元，基础数据如图 9-32 所示。假定其他条件不变，单位变动成本为多少才能达到目标？

	A	B
1	项目	基础数据
2	单价/（万元/吨）	120
3	销售量/吨	1000
4	单位变动成本/（万元/吨）	85
5	固定成本/万元	30000

图 9-32 销售与成本相关资料

操作步骤如下：

第一步：根据上述条件，建立"单变量求解模型"Excel 工作表，在单元格 C6 和 C8 中分别输入公式"=B3*B4"和"=B4*B5"，并在单元格 C9 中输入公式"=C6-C7-C8"，如图 9-33 所示。

	A	B	C
1	单变量求解模型		
2	项目	基础数据	金额/万元
3	单价/（万元/吨）	120	
4	销售量/吨	1000	
5	单位变动成本/（万元/吨）	85	
6	销售额/万元		=B3*B4
7	固定成本/万元		30000
8	变动成本/万元		=B4*B5
9	目标利润		=C6-C7-C8

图 9-33 建立单变量求解模型

第二步：在【数据】选项卡下的【预测】组中单击【模拟分析】按钮，然后在弹出的快捷菜单中选择【单变量求解】选项，打开【单变量求解】对话框。在【目标单元格】框中，输入单元格的引用，这里是"C9"；在【目标值】框中，输入用户希望得到的数额，这里是"8000"；在【可变单元格】框中，输入要调整的值的单元格引用，这里是"B5"，如图 9-34 所示。

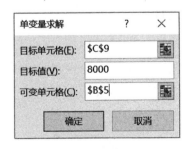

图 9-34 【单变量求解】对话框

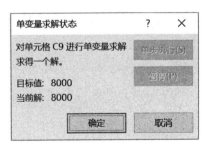

图 9-35 【单变量求解状态】对话框

第三步：单击【确定】按钮进行求解，系统显示【单变量求解状态】对话框，如图 9-35 所示。

第四步：单击【确定】按钮，显示求解结果，如图 9-36 所示。

	A	B	C
1	单变量求解模型		
2	项目	基础数据	金额/万元
3	单价/（万元/吨）	120	
4	销售量/吨	1000	
5	单位变动成本/（万元/吨）	82	
6	销售额/万元		120000
7	固定成本/万元		30000
8	变动成本/万元		82000
9	目标利润		8000

图 9-36　目标利润单变量求解结果

从求解结果可以看出，在给定的条件下，如果目标利润为 8 000 万元，则单位变动成本为 82 万元/吨。

思考与练习

一、方案管理器

金盛公司计划购买一辆商务用车，准备贷款 50 万元。现有四家银行愿意提供贷款，但这四家银行提出的贷款条件（贷款额度、贷款利率和偿还年限）都不一样，相关资料如图 9-37 所示。

	A	B	C	D
1	项目\银行	贷款额度	贷款利率	偿还年限
2	建设银行	580000	5.5%	12
3	招商银行	500000	4.9%	9
4	交通银行	550000	5.3%	16
5	江苏银行	500000	4.8%	12

图 9-37　不同贷款方案资料

二、单变量求解

1. 金盛公司计划处置一套商业房产，面积为 600 平方米，若希望缴纳税费后的净值能达到 2 800 万元，则合同金额应该是多少？假定各项税费等支出如图 9-38 所示。

	A	B	C
1	项目	比率（按售价）	金额/万元
2	清理费	4.0%	
3	评估费	2.0%	
4	中介费	1.0%	
5	印花税	0.1%	
6	其他	7.0%	

图 9-38　商业房产处置税费资料

2. "鸡兔问题"是一个古典数学问题。题为：今有雉、兔同笼，上有三十五头，下有九十四足。问雉、兔各几何？原著的解法为：上署头，下置足。半其足，以头除足，以足除头，即得。请用单变量求解计算。

三、模拟运算表

1. 恒达公司投资一个项目共花费 1 000 万元，请问在期望每年回报率为 10% 的情况下，需要多少年能收回成本？每个月收回多少？

2. 金盛公司因发展需要贷款 900 万元，请问在年利率为 5% 到 12%、贷款 5 年到 15 年的情况下，需要多少年、多少年利率能还清贷款？每个月还款多少？

四、规划求解

金盛公司生产甲、乙、丙三种产品，单位产品的净利润分别为 200 元、80 元、60 元；使用的机器工时分别为 3 h、4 h、5 h，手工工时分别为 4 h、3 h、2 h。由于产品数量和品种受到制约，机器工时最多为 600 h，手工工时最多为 300 h；甲产品数量最多不能超过 40 件，乙产品至少要生产 18 件，丙产品至少要生产 25 件。试问应该如何安排甲、乙、丙三种产品的生产数量才能获取最大利润？

参考文献

[1] 张高胜,杨婷,刘春. Excel 在财务中的应用 [M]. 2 版. 长春:吉林大学出版社,2022.

[2] 李慧. Excel 在财务管理中的应用 [M]. 3 版. 北京:科学出版社,2020.

[3] 刘捷萍. Excel 在财务管理中的应用 [M]. 4 版. 北京:高等教育出版社,2019.

[4] 马元兴,薛春燕. 企业财务管理 [M]. 4 版. 北京:高等教育出版社,2021.

[5] 姬昂. Excel 在会计和财务中的应用 [M]. 7 版. 北京:清华大学出版社,2020.

[6] 梁润平,宁小博. Excel 在财务管理中的应用 [M]. 2 版. 上海:立信会计出版社,2017.

[7] 毛金芬. 财务报表分析 [M]. 2 版. 苏州:苏州大学出版社,2023.

[8] 喻竹,孙一玲,李洁,等. Excel 在会计中的应用 [M]. 3 版. 北京:高等教育出版社,2023.

[9] 崔婕. Excel 在财务中的应用 [M]. 2 版. 上海:立信会计出版社,2021.

[10] 王化成,刘俊彦,荆新. 财务管理学:立体化数字教材版 [M]. 9 版. 北京:中国人民大学出版社,2021.